ATITUDE**NOW**

CARO(A) LEITOR(A),

Queremos saber sua opinião sobre nossos livros.
Após a leitura, siga-nos no linkedin.com/company/editora-gente,
no TikTok @editoragente e no Instagram @editoragente
e visite-nos no site www.editoragente.com.br.
Cadastre-se e contribua com sugestões, críticas ou elogios.

BOA LEITURA!

ALYSSON COSTA

Autor best-seller dos livros
O sucesso é treinável e
Pessoas precisam de pessoas

ATITUDE NOW

A direção do sucesso

Diretora
Rosely Boschini

Gerente Editorial Sênior
Rosângela de Araujo Pinheiro Barbosa

Editora Júnior
Natália Domene Alcaide

Assistente Editorial
Fernanda Costa

Produção Gráfica
Fábio Esteves

Preparação
Mariana Marcoantonio

Capa
Thiago de Barros

Projeto Gráfico e Diagramação
Vivian Oliveira

Revisão
Elisa Martins

Impressão
Gráfica Assahi

Copyright © 2023 by Alysson Costa
Todos os direitos desta edição
são reservados à Editora Gente.
Rua Natingui, 379 – Vila Madalena
São Paulo, SP – CEP 05435-000
Telefone: (11) 3670-2500
Site: www.editoragente.com.br
E-mail: gente@editoragente.com.br

Dados Internacionais de Catalogação na Publicação (CIP)
Angélica Ilacqua CRB-8/7057

Costa, Alysson
    Atitudenow : a direção do sucesso / Alysson Costa. - São Paulo :
Editora Gente, 2023.
    160 p.

    ISBN 978-65-5544-390-5

    1. Desenvolvimento pessoal I. Título

23-4701   CDD 158.1

Índice para catálogo sistemático
1. Desenvolvimento pessoal

NOTA DA PUBLISHER

MUITOS INDIVÍDUOS, APESAR DE POSSUÍREM SONHOS E ASPIRAÇÕES, frequentemente ficam paralisados diante da falta de clareza sobre os passos a tomar. É uma triste realidade saber que muitos jamais alcançarão seu verdadeiro potencial simplesmente por preferirem permanecer em sua zona de conforto, ou porque não quiseram enfrentar a maioria e escolheram seguir a manada.

Inconformado com esse cenário, Alysson decidiu mudar a sua própria vida e tomar as atitudes necessárias para alcançar o sucesso – eu o conheci bem no meio dessa sua fase de transição. Ele descobriu o caminho, e agora traz em *Atitudenow*, para todos os leitores, a direção para que possam fazer o mesmo, adotando uma postura de ação corajosa rumo aos seus objetivos.

Alysson apresenta soluções concretas para alcançar o sucesso a partir de uma combinação única de *insights* práticos e histórias emocionantes que o levarão a reavaliar sua própria vida. Com esta leitura, você se sentirá inspirado a sair do lugar-comum e a abraçar as oportunidades que a vida lhe oferece.

Convido você a embarcar nessa jornada de autodescoberta e crescimento e experimentar em primeira mão os resultados que a atitude pode proporcionar. Boa leitura!

Rosely Boschini
CEO e Publisher da Editora Gente

AGRADECIMENTOS

ESTE LIVRO É A REALIZAÇÃO DE UM GRANDE SONHO, É A MATERIALIZAÇÃO de muitos anos de trabalho e entrega para criar um método replicável capaz de ajudar a mudar vidas pelo mundo, combatendo a procrastinação, o mimimismo e a síndrome do "deixa para amanhã".

Mas, para que ele esteja agora em suas mãos, não foi apenas um processo de escrita (que, aliás, foi muito bacana, e é uma história ótima para contar a vocês). Este livro começou a ser escrito no meu nascimento e, por isso, precisa honrar as pessoas que estiveram comigo nessa jornada incrível chamada vida.

Em primeiro lugar, o agradecimento é e será sempre a Deus, que me direciona, guia meus passos e faz com que eu siga na caminhada, independentemente de vitórias ou derrotas.

Em segundo lugar, aos meus pais, Zitinho e Elza, que me deram tudo o que podiam: caráter, honestidade, coragem, resiliência, fé, e me tornaram o cara que sou hoje.

Aos meu irmãos, Célia, André e Alessandra, cada um, do seu jeito e com seu estilo, me influenciou como irmão mais novo em determinado momento e tema específico.

À minha esposa Michele e aos meus filhos, Yago, Gabriely e Joshua, que são o background perfeito, seguram a onda nas minhas ausências, aguentam o pior de mim e ainda me permitem sonhar e viver os momentos mais incríveis. Tudo é sempre por eles e para eles.

A todos aqueles que de alguma forma colaboraram com a minha formação profissional e moldaram o cara que sou hoje. São muitos e, a alguns, eu quero agradecer nominalmente, eles representam todos os que passaram por minha jornada. Ao meu tio Luiz Paulo "Basquete", o cara mais inteligente e a mente mais evoluída que conheci e quem me impulsionou a ingressar na carreira de comunicação. Hoje ele não está mais aqui, mas sei que se orgulha e comemora cada vitória. Ao também já falecido João Roberto, que me deu a primeira oportunidade em uma rádio, na qual fiquei mais de seis anos. Ao querido amigo Célio de Souza, gigante incentivador, que me colocou em grandes palcos e fez meu nome realmente ser conhecido em minha região. Ao Hércules Marques, que me deu a primeira oportunidade na televisão, estrelando comerciais. Ao Jader Costa, meu primeiro diretor de televisão. Ao Agostinho Alípio e ao Arnaldo Cézar Coelho, que me levaram para a maior emissora de televisão do país. A Marinez e Nicodemos, que me confiaram grandes missões junto ao governo do estado do Rio de Janeiro e à TV Justiça. Ao Dimas Augusto, meu último diretor de televisão, que, quando eu estava em baixa, me deu a oportunidade de chefiar uma redação e conhecer o maravilhoso mundo do jornalismo agro. Ao meu amigo e mentor Joel Jota, que acreditou no meu potencial, me direcionou, impulsionou e ajudou a atingir patamares nunca antes imaginados.

Agradeço ainda a um pequeno e seleto grupo de amigos/irmãos que, mesmo que a distância geográfica nos separe, continuam sendo meus maiores incentivadores e apoiadores – muitos citados aqui neste livro, e não posso deixar de mencioná-los –, Márcio Palmeira, Daniel Daf, Leandro Kbça, e Gustavo Gugu.

Ao querido casal Lídia e Adenílson, proprietários da Morada do Cedro, recanto maravilhoso em Alfredo Wagner (SC), onde me refugiei para escrever este livro.

Aos amigos da Eduzz, em especial a Eugênio, Régis, Kagawa e Gui, grandes amigos e incentivadores, obrigado sempre pela parceria.

Ao querido Dennis Penna e a todos os amigos da Polo Palestrantes, agência que cuida de mim, e me faz rodar o mundo espalhando nosso movimento ATITUDENOW.

À Rosely Boschini e aos queridos amigos da Editora Gente, que me deram a chance de ser até aqui duas vezes escritor best-seller e que, agora, dão voz a mensagem da ATITUDE.

E, por último, porém de extrema e inestimável importância, às centenas de amigos queridos da nossa família PDA (plano de ação) ATITUDENOW. Pessoas que chegam como alunos e, em pouquíssimo tempo, tornam-se amigos. Tudo só aconteceu porque vocês acreditaram em minhas "loucuras", amplificaram minha voz, mostraram que

AGRADECIMENTOS

o método ATITUDENOW dá resultados e, hoje, me ajudam a espalhar essa mensagem por aí.

Gostaria de abraçar cada um nesse momento, mas para representá-los, vou agradecer nominalmente a: Alba Nogueira, Alê Costa, Anne Caroline, Arthur Jones, Arthur Neto, Beatriz Trentino, Carlos Croma (Trakto sem Treta), Débora Albuquerque Nutre, Diogo Oliveira, Fabrício Lanes, Guilherme Bressan, Gyordanne Alves, Henry Jr., Ingrid Monte, João Filho, Joice Carvalho Vieira, Karin & Rafa Porto, Leonardo Bressan, Luana Soares, Luciana Amorim, Mônica Lattanzi, Neli Freitas, Rodolfo Ferraz (Dr. Perdão), Rosy Santos e Thelma Baniski.

E aos queridos embaixadores deste livro, time de elite: Enzo Rocha Paranaguá, Laís Pires, Marcus & Edi, Messi, Rodolpho Valentino, Dr. Ueslhe Gama e Vanessa Thale. Amo vocês, meus queridos.

Simplesmente, OBRIGADO!!!

Agora, para você que está prestes a ler o meu livro, é importante que já nos conectemos. No meio da leitura, você vai entender a importância desse momento, então, acesse o QR Code abaixo, e siga minha principal rede social e me mande uma mensagem dizendo que está lendo o livro. Se possível, faça um *story* e me marque, vou amar conhecer você.

Ative o modo ATITUDENOW e vamos começar.

APOIADORES

Eduzz

Polo Palestrantes

Morada do Cedro

SUMÁRIO

PREFÁCIO — **16**

INTRODUÇÃO — **20**

CAPÍTULO 1
Escolhas não existem — **22**

CAPÍTULO 2
***Networking* pão com mortadela** — **28**

CAPÍTULO 3
O engenho — **34**

CAPÍTULO 4
Meu talento para o futebol me tornou um grande leitor — **38**

CAPÍTULO 5

Eu era um lobisomem juvenil

44

CAPÍTULO 6

Diversão é solução, sim!

50

CAPÍTULO 7

Eu sou o cara

58

CAPÍTULO 8

Ascensão e queda

64

CAPÍTULO 9

O fundo do poço

72

CAPÍTULO 10
Novos ares

76

CAPÍTULO 11
Encontros e desencontros

82

CAPÍTULO 12
O encontro com o mentor

92

CAPÍTULO 13
Eu cuido do céu e você cuida mim

104

CAPÍTULO 14
Tinha uma pandemia no meio do caminho

110

CAPÍTULO 15
A bola está com você

116

CAPÍTULO 16
Gol de placa

124

CAPÍTULO 17
Primeiros faturamentos

130

CAPÍTULO 18
Primeiro best-seller

136

CAPÍTULO 19
Encontrar a sua alcateia

142

CAPÍTULO 20
O caminho dos loucos

148

POSFÁCIO

158

Eu tive a oportunidade de conhecer o Alysson em meados de 2019, em uma palestra que aconteceu na cidade de Goiânia. Minha família é de lá, então eu fiz duas das coisas de que mais gosto de fazer: estar com a família e trabalhar naquilo que eu amo.

Nessa ocasião, conversei com alguns dos empreendedores que ali estavam, em um evento que falava sobre carreira, empreendedorismo e tomada de decisão. Após a palestra, uma fila imensa se estendeu para tirar foto comigo, para conversar e para autografar os meus livros. Essa foi a minha primeira grande fila de autógrafos, pois meu livro, *100% presente*,[1] havia sido lançado uma semana antes. Eu gosto muito desse momento de autógrafos, em que posso conversar com as pessoas, perguntar sobre os principais *insights* que tiveram com a palestra e o conteúdo, perguntar sobre a vida delas.

Foram milhares de pessoas naquele dia, e uma delas foi o Alysson.

Alysson, que até então era um repórter da televisão, trabalhava em uma emissora em Goiânia. E a primeira coisa que me chamou atenção sobre ele foi sua voz – forte, firme, fluida –, que, na cabeça de um empreendedor como eu, logo me fez pensar: *Essa voz vende!*

A partir daquele dia, o Alysson entrou nos meus programas de treinamento e participou de todos os meus programas de mentoria, on-line, off-line e imersão. A cada programa, ele tomava uma ATITUDE. Em cada projeto, seja de mentoria de carreira, treinamento para palestrante, viagens, *mastermind*, livros em coautoria, ele tomava uma ATITUDE.

---

1 JOTA, J. **Esteja, viva, permaneça 100% presente**: o poder da disciplina, do foco e dos minihábitos para conseguir realizar seu potencial máximo. São Paulo: Gente, 2019.

O Alysson é do tipo de pessoa que escolhe uma linha de pensamento e segue nela até o fim. Nós estamos juntos há muitos anos, em eventos nacionais e internacionais, e, nesse tempo, pude perceber que ele conseguiu ganhar seu espaço no mundo do empreendedorismo e do desenvolvimento pessoal porque uniu sua experiência de vida com tudo o que fez no passado, na televisão, como uma pessoa da comunicação. E foi exatamente assim que ele começou: ensinando as pessoas a se comunicarem de maneira assertiva, até de fato entrar na área da educação e do desenvolvimento humano. Passo a passo, o Alysson ganhou seu espaço e aumentou a sua rede de contatos, o que ele faz muito bem, sempre somando, agregando valor ao grupo e fazendo com que as pessoas gostem dele.

Após participar de dois livros em coautoria, chegou o grande momento da sua estreia em livro solo em uma grande editora. Nestas páginas, ele consegue explicar de maneira didática o que é ser ATITUDENOW e, acima de tudo, comprova toda essa teoria por meio das suas próprias ações.

Pai de família, trabalhador, uma pessoa comum, gente como a gente, um herói sem capa que mudou sua vida por meio de ATITUDES, por meio de decisões de alto impacto para o futuro. Alysson nunca se preocupou com de onde veio, mas sempre com para onde estava indo. Nunca se preocupou com suas condições, mas sempre com suas ATITUDES. Ele entendeu de maneira legítima que nós não estamos distantes da nossa liberdade, só precisamos tomar grandes decisões para chegar a ela.

Este livro fala sobre ATITUDE e é exemplificado pela vida do seu autor, que saiu de um emprego CLT, tornou-se multiempreendedor, fez seus primeiros milhões e agora se propõe a ensinar outras pessoas a fazerem o mesmo. Uma jornada pela busca da riqueza — mas entenda: riqueza não é ter milhões de reais no banco, é ter tempo, saúde e, acima de tudo, paz, o estado de espírito que todo mundo busca, por meio da força do trabalho.

Foi isso que o Alysson conquistou e agora transmite neste livro, em que cada palavra é verdadeira, cada metodologia foi testada por ele e por seus alunos através do seu projeto, o PLANO DE AÇÃO, de projeção internacional.

Fico muito feliz e honrado em fazer parte dessa jornada e contar essa história, é uma honra poder abrir este livro. Parabéns, Alysson,

PREFÁCIO

por tudo o que você fez. Você é um exemplo e uma inspiração para todos nós, mas, acima de tudo, para a sua família e para você mesmo. O Alysson lá do passado, tenho certeza, tem muito orgulho do Alysson do presente.

Você, leitor, tem nas mãos uma obra literária que transmite, com suas palavras, uma lição de vida, uma metodologia aplicável, reprodutível e confiável, um caminho que vai guiá-lo para a felicidade, o crescimento profissional, a satisfação e a riqueza na sua mais ampla abordagem.

Aproveite a leitura. Antes do final deste livro, a sua vida já terá mudado para melhor de modo significativo.

Abraços e bom voo.
Joel Jota

Era uma vez um menino que nasceu em uma família humilde...
Eu sempre acreditei que um livro precisava começar com "era uma vez". Fui acostumado a ler histórias assim desde cedo, então não poderia fazer diferente. Hoje, é a minha história que está em suas mãos. Leia com atenção e tenha o máximo respeito, porque o menino que veio dela está aqui para ajudar você a abrir algumas portas essenciais para a sua vida e a ativar o SEU modo ATITUDENOW.

Você deve estar se perguntando agora: o que é, afinal, esse tal modo ATITUDENOW? O que é essa força que mudou a minha vida e que também pode mudar a sua, combatendo o vitimismo e a procrastinação? É o que você vai descobrir ao longo deste livro.

Em um passo a passo detalhado, vou lhe mostrar como uni minhas capacidades natas, minha intuição e fé em Deus para alcançar o sucesso e a realização. Não foi fácil, mas valeu a pena.

Aperte os cintos que a viagem vai começar!

Escolhas não existem

CAPÍTULO 1

Sim, eu sei, durante toda a sua vida você ouviu, ou até repetiu, a frase: "A vida é feita de escolhas". Mas eu quero começar este livro quebrando essa crença em sua mente.

Apesar de esse mantra estar supervivo hoje em dia, eu preciso dizer que essa é mais uma das mentiras que contaram a você e que você aceitou como verdade absoluta, porque foi programado desde o início da vida a apenas repetir, e não questionar. Já está pensando que eu sou louco?

Entenda logo nestas primeiras linhas: eu estou aqui para desafiar você, afrontá-lo e, acima de tudo, fazê-lo pensar, refletir, analisar, tirar conclusões mais precisas e, o mais importante, parar de ser papagaio do senso comum.

Se você está preparado para isso, seja bem-vindo!

ANGU DE SAL

Durante toda a nossa vida, somos programados para aceitar certas "verdades absolutas", mas, para mim, quase todo absolutismo é burro e enviesado. Digo "quase" pois a única verdade absoluta que conheço eu chamo de Deus, e sobre essa não posso nem quero duvidar. Além Dele, que é o caminho, a verdade e a vida, tudo o mais sempre terá mais de uma versão e, dependendo da visão, todas podem estar certas, ou ter pontos de acertos.

Eu talvez seja o cara que mais pode confirmar essa programação pela que passamos desde a infância a respeito das escolhas. E vou explicar com o início da minha história.

Sou o filho mais novo do seu Zitinho e da dona Elza, o quarto, o temporão, que, como muitos, nasceu em uma família pobre, sem muitas perspectivas de sucesso. Meu pai e minha mãe nasceram e foram criados na roça, em uma época em que a educação disputava espaço com a força de trabalho para ajudar no sustento de casa. Eles não tiveram grandes oportunidades, e por isso também não nos faziam grandes exigências.

Meu pai perdeu o pai dele quando tinha apenas 2 anos, e foi criado pela mãe e pelos avós, na roça, na lida do dia a dia. Quando foi para a cidade, trabalhou em grandes empresas como "chão de fábrica", porque a formação profissional que ele teve com a lavoura e com as criações não se aplicava no mundo em acelerado crescimento da industrialização, no início da década de 1970.

Tenho poucas lembranças do período de vacas "semigordas" de quando meu pai estava nessas grandes empresas. Lembro-me apenas em pequenos *flashes* de um filme em preto e branco das festas de fim de ano da firma, nas quais os filhos dos funcionários recebiam presentes do Papai Noel. Tenho uma única lembrança muito viva desse período. Um dia em que cheguei em casa da escolinha e encontrei meu pai muito triste, conversando com a minha mãe "uma conversa de adulto", ela dizia. Eu não sabia o que era, mas guardei a palavra que mais o afligia naquele momento: "desempregado" era o que ele repetia.

Eu tinha por volta de 6 anos, e poderia desenhar a cena se fosse bom nessa arte, de tão viva que ela está em minha mente. É impressionante como os momentos difíceis marcam e formam cicatrizes profundas em nossas vidas. Éramos seis, e a situação ficaria bem difícil a partir dali. Meu pai já beirava os 50 anos; sem nenhuma formação, seria difícil conseguir um bom emprego que desse o sustento que nós merecíamos.

Mas a vida não é feita de escolhas? Meu pai não escolheu ficar desempregado, e eu não escolhi viver a escassez que começava a se desenhar em nossa vida.

Pouco tempo depois, ele conseguiu uma vaga de porteiro em um condomínio empresarial e ali ficou por alguns anos. O salário era baixo, e mesmo sem saber o que era o tal salário, eu percebi que algumas coisas começaram a mudar em minha casa.

O fusquinha que meu pai comemorou tanto quando comprou, menos de um ano antes, foi o primeiro sacrificado. Minha mãe, minha irmã mais velha, que já tinha 16, e meu irmão mais velho, com 12 anos, também começaram a trabalhar para ajudar em casa.

E o que já não era tão bom ganhou um novo capítulo quando uma nova demissão aconteceu na vida do meu pai. A empresa que administrava o condomínio em que ele trabalhava fechou, e ele acabou na rua novamente.

Graças a Deus, logo conseguiu outra vaga, novamente como porteiro, dessa vez em um condomínio residencial. Salário baixo e quatro filhos para criar.

O que ajudava era que a raiz sertaneja ainda estava presente em nossas vidas: meu pai tinha uma hortinha e criava galinhas, o que gerava comida na mesa e uma pequena renda extra com a venda dos ovos caipiras.

Mas o cenário de escassez se instaurava a cada dia. O famoso pãozinho do café da manhã começou a faltar. Inúmeras vezes, acordava com o cheiro de fubá cozinhando no fogão enquanto meu pai preparava o angu de sal para o nosso café da manhã. Ele fazia o angu (fubá, água e sal) um pouco mais grosso, moldava na colher, e cada um podia comer quatro pedaços antes de ir para a escola. Era aquilo que nos sustentava até o horário da merenda escolar.

Se eu pudesse, escolheria um café da manhã muito mais saboroso e nutritivo todos os dias. Mas a essa altura, mesmo sem ter a clareza necessária, eu já sabia que a vida **não** era feita de escolhas.

AS MENTIRAS QUE TE CONTARAM

Por que algumas pessoas alcançam o sucesso e outras não? Por que a concentração de dinheiro é muito maior em poucas mãos? O que diferencia quem realiza de quem não sai do lugar? Essas são as famosas perguntas do milhão, ou talvez até do bilhão, eu diria.

O fato é que, durante toda a nossa vida, somos moldados a cumprir o nosso papel, sem reclamar, sem questionar, apenas fazendo o que a sociedade espera de nós: ser uma pequena engrenagem do motor que faz o mundo girar.

Mas eu quero que você analise tudo à sua volta. Certamente, você tem um amigo que alcançou mais sucesso do que você, alguém próximo que saiu "do nada", e hoje tem a vida dos sonhos. O que ele fez? Em que se diferenciou?

Eu digo: ele parou de acreditar nas mentiras que nos contam o tempo todo e ativou o modo ATITUDENOW da própria vida.

Para começar, é preciso entender o que é sucesso – e não quero saber da definição de dicionário, muito menos de pesquisa na internet. Quero saber o que é o sucesso de verdade, na essência da realização. Você consegue metrificar o que é sucesso?

Casa, carro, dinheiro, viagem são sinônimos de sucesso para você? Mas não existem pessoas que vivem com o mínimo e são absurdamente bem-sucedidas? O que é sucesso para elas então?

Sucesso é um estado de espírito, uma sensação de bem-estar, que pode, sim, ser causada por um grande montante financeiro, mas em boa parte dos casos está mais atrelada a coisas simples e que moeda nenhuma do mundo pode comprar. Sucesso é ser feliz, independentemente do que você faz e de onde realiza, por isso é tão individual.

Cada pessoa neste mundo tem uma régua para medir o próprio sucesso, e as medidas são tão específicas que tornam impossível ter parâmetro para medir o do outro. Portanto, pare de acreditar que você nasceu para isso ou para aquilo, que você precisa atingir o sucesso que outra pessoa já planejou para você, que você precisa se enquadrar no que esperam de você.

Você pode até ter nascido com predisposições físicas, cognitivas e psicológicas para determinadas profissões e/ou ações, mas não existe nada neste mundo que você não possa fazer, que não esteja ao seu alcance, que o limite ou impossibilite de realizar o que outros chamam de impossível.

Não meça o seu sucesso pela régua de outro. Existem centenas de milhares de diplomas de filhos empoeirados na gaveta de pais que tentaram realizar o próprio sonho na geração seguinte – esse é um erro grave e que pode causar diversas dores psicológicas, distanciamento de laços familiares e muitos outros problemas.

Um dos grandes nomes da agência espacial americana na atualidade é o engenheiro Adam Steltzner, responsável pelo pouso da sonda espacial Curiosity em Marte.[2] Steltzner participou e liderou algumas

---

[2] COMO descobrir seu propósito, segundo um dos principais engenheiros da Nasa. **Época Negócios**, 2 ago. 2017. Disponível em: https://epocanegocios.globo.com/Carreira/noticia/2017/08/como-descobrir-seu-proposito-segundo-um-dos-principais-engenheiros-da-nasa.html. Acesso em: 24 ago. 2023.

ESCOLHAS NÃO EXISTEM

das maiores missões espaciais em planetas do nosso sistema solar e ganhou notoriedade por um pouso inovador na superfície marciana.

O engenheiro afirmou várias vezes, em entrevistas, que a curiosidade mudou sua vida. Ele era um jovem músico que não estudava e tinha poucas chances no mercado gradual de trabalho. Um dia, voltando de um show, percebeu que as estrelas haviam mudado de lugar. Ficou curioso com o fato e se inscreveu em um curso de astronomia; tropeçou na física, estudou engenharia e ingressou na disputada agência espacial americana. Ele, hoje, é uma das pessoas que mais defendem a busca pelo real propósito de vida, que gera o verdadeiro sucesso para o indivíduo.

Não se limite: seja curioso, busque a realização, por mais distante que ela pareça para você.

Networking pão com mortadela

CAPÍTULO 2

Crianças são maldosas por inocência! A frase pode parecer confusa, mas é a grande realidade. A criança não tem máscaras em sua comunicação, ela não se trava, não se omite, nem tenta disfarçar a verdade dos fatos sob a sua ótica infantil. E foi por causa dessa inocência latente que eu comecei a perceber as mudanças que estavam acontecendo em minha família.

Meu padrinho, irmão da minha mãe, morava bem ao lado da minha casa. Ele tinha uma filha única, Michele, apenas um ano mais nova do que eu. Pela proximidade geográfica e etária, nós fomos criados praticamente juntos. Ali, na casa deles, eu comecei a perceber as diferenças. Meu tio não era rico, mas tinha uma profissão relativamente bem remunerada – mecânico –, e com a família pequena era mais fácil garantir uma vida mais estável do que a nossa.

Minha prima tinha acesso a algumas coisas que eu não tinha. Vídeogame, iogurte, brinquedos novos, viagens, grandes compras no supermercado no início do mês, a vida normal de uma família de classe média baixa – bem diferente da nossa.

Quando comecei a frequentar a escola, as diferenças foram ainda mais latentes. Nessa época, eu estudava em uma boa escola, reflexo do trabalho do meu pai naquela indústria que já citei. A escola era exclusiva para filhos de funcionários da empresa, e eu entrei nela quando meu pai ainda fazia parte do quadro de contratados; mesmo com sua demissão, me permitiram continuar ali até a primeira formatura.

A escola é um espaço democrático, a sala de aula mantém a uniformidade entre os que estão ali dentro. Mesmas carteiras, mesmos materiais de estudo, roupas exatamente idênticas. Mas existe um momento em que as diferenças se expõem: quando se abrem as lancheiras.

Eu via coleguinhas de sala levando frutas, salgadinhos, iogurtes, tudo ao que não tínhamos acesso nem em casa, imagine levar para a escola? Eu desejava aquilo tudo, entretanto, nem sempre a partilha acontecia.

Mas um acontecimento na época me marcou e me ensinou muito.

Minha mãe sempre se preocupou muito em nos dar o melhor que eles podiam, mas com quatro filhos em idade escolar não havia luxo, e a solução, em várias ocasiões, era preparar um sanduíche simples de pão com maionese. Um pote de maionese para quatro sanduíches por dia durava bastante tempo – e ainda mais com aquela passada meio mentirosa, para economizar. Esse era o melhor que ela podia nos oferecer naquele momento.

Em um desses dias, na hora do recreio, o lanche de um dos meus colegas de sala saltou aos meus olhos, ou melhor, às minhas narinas. No momento que ele abriu a lancheira, o cheiro tomou conta da sala, e foi impossível não olhar o seu pão com mortadela. Sanduíche de mortadela é impossível de esconder, o cheiro é marcante, e para mim era um luxo. Eu só conseguia pensar: *como pode alguém ser tão rico que traz pão com mortadela pra escola?*

Fiquei tão paralisado no sanduíche do garoto que ele percebeu. E, diferentemente de outros momentos que vivi, olhou para mim e disse: "Quer um pedaço?". O garoto rico do pão com mortadela estava disposto a dividir aquela preciosidade comigo. Mal dava para acreditar. Emoção, alegria, fome, desejo, tudo ao mesmo tempo na mente do pequeno Alysson. Claro que eu aceitei e, mesmo tímido, diante da humildade do meu lanche, também ofereci um pedaço do meu simples pão com maionese. E você pode até não acreditar, mas aquele menino rico, que tinha pão com mortadela na lancheira, me contou que era apaixonado por pão com maionese!

Naquele instante, com pouco mais de 6 anos, eu entendi o que era NETWORKING, mesmo sem nem saber ainda que essa palavra existia. Por quê? Simples! A partir daquele momento, quando eu quisesse comer pão com maionese, ele já estava ali; quando eu quisesse pão com mortadela, era só trocar com o Márcio (meu mais novo melhor amigo); e, se nós quiséssemos ostentar, podíamos misturar os dois e comer pão com maionese e mortadela.

Eu descobri nesse momento que o poder das conexões existia e, por mais que parecesse que o que eu tinha não era tão especial, poderia existir alguém que gostava muito disso. Em uma pequena associação, todos ficariam felizes.

Esse momento marcou a minha existência: eu descobri qual era o meu sanduíche, até hoje, favorito – pão com maionese e mortadela – e ainda gerei uma conexão tão forte com aquele garoto que ele segue sendo, por mais de quarenta anos, o meu melhor amigo.

SEUS RESULTADOS SÃO DO TAMANHO DOS SEUS PASSOS

O que mais se ouve nos noticiários, desde que o mundo é mundo, é uma busca incessante por justiça, igualdade, direitos e deveres. Mas a grande verdade é que não existe justiça no mundo. Aliás, *justiça* também é um termo muito subjetivo.

Basta observar a natureza para entender do que estou falando. Na savana, para que o leão sobreviva, a zebra (ou outro animal) precisa morrer. E onde está a justiça para a zebra? Equilíbrio é o que faz o mundo continuar girando em quase todos os segmentos; uma das únicas exceções é quando se fala em dinheiro.

Vários estudos já mostraram que a distribuição de riquezas pelo mundo tende a ser cada vez mais desigual. Segundo o relatório do Credit Suisse, Global Wealth Report 2022,[3] cerca de 1,2% da população mundial detém cerca de 47,8% de todo o dinheiro em circulação no mundo, enquanto 53,2% dos mais pobres movimentam apenas 1,1% da riqueza mundial. Um enorme abismo se forma quando fazemos essa comparação direta, e o "senso de justiça" pode gritar nessa hora. Mas quais serão os fatores primordiais que geram essa desigualdade?

Eu já ouvi dizer que, se todo o dinheiro do mundo fosse redistribuído em partes iguais, em menos de dez anos ele voltaria para as mesmas mãos, e o fator preponderante para isso é que nem todos estão preparados para ser ricos, e o dinheiro não aceita desaforos.

Outra frase comumente repetida pelas pessoas e que parece gerar segurança e conforto mental é: "Só dou passos do tamanho de minhas pernas". Já parou para pensar quão limitante é esse pensamento?

---

3 CREDIT Suisse. Global Wealth Report 2022. Disponível em: https://www.credit-suisse.com/media/assets/corporate/docs/about-us/research/publications/global-wealth-report-2022-en.pdf. Acesso em: 13 set. 2023.

Porque, se você só dá passos do tamanho de suas pernas, terá apenas resultados exatamente do tamanho de suas pernas – se você for baixinho, sinto muito.

Quem tem resultados exponenciais não anda em pequenos passos. Pelo contrário, dá saltos, muitas vezes sem nem enxergar o chão do outro lado. Pessoas mais contidas têm medo do tombo, mas quem tem o modo ATITUDENOW ativado tem medo de ser mediano e sabe que o tropeço faz parte do processo de aprendizado, um passo a mais no caminho da vitória.

Guarde esta frase: seus resultados são do tamanho dos seus passos. Então, aprenda logo a saltar.

Em vez de gastar mais energia clamando por justiça, entenda como vive e se porta o 1,2% da população mais abastada. E, se possível, ensine quem está próximo de você a fazer o mesmo.

O livro mais conhecido e antigo do mundo, que eu chamo de manual da vida, a Bíblia Sagrada, nos promete a prosperidade em inúmeros capítulos e versículos. Por que você ainda se limita? Por que não faz o seu melhor? Dê o passo e deixe que Deus coloque o chão.

> **PARA CHEGAR AO SEU OBJETIVO, AJUDE ALGUÉM A CONQUISTAR AQUILO QUE VOCÊ JÁ CONQUISTOU.**
>
> ENZO PARANAGUÁ
> @enzoparanagua

Seus resultados são do tamanho dos seus passos. Então, aprenda logo a saltar.

O engenho

CAPÍTULO 3

Aos 9 anos, eu precisei aprender que nada viria fácil em minha vida. O ano era 1987, um dos desenhos de maior sucesso da televisão brasileira era *Thundercats*, e eu era extremamente alucinado por eles, chegava da escola correndo para assistir.

Como a escassez ainda se mantinha, apesar dos esforços de toda a família, ganhar brinquedos não era comum. Muitas vezes, nós mesmos fazíamos nossas brincadeiras com coisas simples a que tínhamos fácil acesso. Uma das minhas favoritas era a famosa "corrida de tampinhas de garrafa"; nós levávamos horas montando a pista na terra e depois brincávamos por mais algumas horas, até cansar. Mas é claro que desejávamos brinquedos normais, já que esses nós só ganhávamos de Natal e aniversário.

Um dia, fui com meus pais no supermercado e me deparei com uma coleção de miniaturas dos Thundercats. Os bonecos não tinham mais de 7 centímetros, mas se tornaram o meu maior desejo de consumo. Claro que eu pedi os brinquedos, mas meu pai disse que não tinha como comprar, que não tinha dinheiro para isso, mas que me daria o caminho para que eu conseguisse ter a coleção toda.

Nesse mesmo dia, ele me apresentou à minha primeira empresa.

Lembra que eu disse que meu pai veio da roça e que mantinha algumas plantações em casa? Pois a sede da minha empresa era o terraço de nossa casa, o material de trabalho era um engenho de cana manual que ele tinha comprado havia pouco tempo e os insumos vinham de uma pequena lavoura de cana-de-açúcar que ele havia plantado no morro atrás de nossa casa.

Lembro-me como se fosse hoje das palavras dele: "Eu não tenho dinheiro para os seus brinquedos, mas tenho isso aqui. Você pode explorar como quiser, e o que ganhar é seu". A partir daquele dia, mesmo com tão pouca idade, aprendi sobre a força do trabalho.

Meu pai colhia e cortava a cana, e me ensinou a lavar, rachar, raspar, moer, coar, engarrafar e vender para os vizinhos. Vergonha? Claro que eu tinha, mas queria tanto a coleção dos Thundercats que nada me pararia. E eu não comprei só um, comprei a coleção toda, além do He-Man, dos Comandos em Ação e de muitos outros brinquedos. Eu descobri que construir dinheiro não era simples, mas era possível. E aquele velho engenho foi a minha primeira empresa por quase quatro anos.

O AMANHÃ NÃO EXISTE

O ótimo é inimigo do bom, já dizia Voltaire.[4] O pensamento do século XVIII é cada vez mais atual. O ser humano é naturalmente procrastinador, e isso lhe causa gigantescos prejuízos.

O estudo intitulado "The nature of procrastination: a meta-analytic and theoretical review of quintessential self-regulatory failure", realizado por Piers Steel em 2007,[5] apresentou uma meta-análise de diversos estudos sobre procrastinação e mostrou o quanto ela causa prejuízos para o ser humano como um todo. Um dos principais pontos mostrados por Steel é que a falta de valores e metas leva a pessoa a deixar tudo para amanhã.

A falta de clareza nos valores pessoais e a não definição de metas específicas e alcançáveis contribuem significativamente para a procrastinação. Quando as metas não são claras ou não estão alinhadas com os valores pessoais, a motivação diminui. Além disso, há aquela percepção exigente de que nunca está bom, que sempre é preciso um ponto a mais, uma pequena melhoria – e, se não está bom, é mais fácil deixar para depois do que viver a possível sensação do fracasso.

O homem mediano deixa tudo para amanhã, só que ele não percebe que o amanhã não existe, o amanhã é uma utopia, porque, a cada amanhecer, um novo **hoje** surge. O maior risco do homem mediano

---

[4] VOLTAIRE. **Dicionário Filosófico**. São Paulo: WMF Martins Fontes, 2020.

[5] STEEL, P. The nature of procrastination: a meta-analytic and theoretical review of quintessential self-regulatory failure. **Psychological Bulletin**, v. 133, n. 1, p. 65-94, jan. 2007. Disponível em: https://doi.org/10.1037/0033-2909.133.1.65. Acesso em: 26 ago. 2023.

O ENGENHO

é deixar que suas ideias sejam levadas para a maior incubadora do mundo: o cemitério.

Quem ativa o modo ATITUDENOW sabe que tem apenas 24 horas para realizar aquilo que se propôs; se não fizer, o tempo continua girando, e a vitória vai demorar ainda mais para chegar. Quem é ATITUDENOW não espera que nada caia do céu, mas busca suas vitórias com coragem, autoconfiança, velocidade e preparado para uma eventual derrota.

Meu talento para o futebol me tornou um grande leitor

CAPÍTULO 4

A prática de esportes nunca foi rotineira em nossa família. O primeiro motivo é que nossos pais não vieram dessa escola e, como dedicaram quase toda a sua vida a gerar recursos para o nosso sustento, não incentivavam esse hábito em nós. Além disso, a prática de esportes geralmente demanda investimentos, e o que já era difícil se tornava impossível.

Academia era muito cara na década de 1980, outros esportes dependiam da compra de equipamentos, e não tínhamos grana pra isso. Eu até curtia artes marciais, fui várias vezes ver os treinos do Márcio (o amigo do pão com mortadela) e seus exames de faixa de caratê, mas não tive a mesma oportunidade.

Mas, Alysson, e o futebol? O esporte mais democrático do mundo pode ser jogado na rua, na terra, na areia. Traves de chinelos e uma bola resolvem tudo!

Nessa mesma época, descobri que eu tinha um talento muito particular para o futebol – tão particular que ninguém entendia, nem mesmo a bola, que teimava em não me obedecer: se eu chutasse para um lado, ela poderia tomar diferentes direções, menos a que eu queria.

E aí, meu amigo, lembra que a criança é inocentemente maldosa? Sempre que tinha pelada na rua, era uma guerra pelo Alysson:

— Ele vai pro seu time!

— Não, vai pro seu!

— Pro meu, não, pode ficar com ele!

— Então eu fico com um a menos!

Às vezes, preferiam desfalcar o time a me ter como companheiro de linha. E, assim, sempre que tinha jogo de bola, eu sobrava. Nessas voltas para casa, triste, sem saber o que fazer, um dia me deparei com um livrinho, capa azul, o desenho de alguns monstros e quatro garotos em uma sala escura com uma lanterna na mão: *Fantasma só faz buuu*, de Flávia Muniz.

Minha mãe tinha comprado o livro porque eu precisava fazer uma provinha sobre ele, tarefa pedida pela professora Aparecida, de Português. Eu não tinha o que fazer, então decidi ler. E, ali, algo aconteceu. Eu mergulhei na história, vivi cada segundo da aventura da turma do Bolota e, em poucos minutos, li o livro todo. Percebi que, dentro daquelas páginas, eu poderia me tornar quem eu quisesse: aventureiro, príncipe, cavaleiro, até jogador de futebol – e, se dessem mole, eu fazia gol.

No dia seguinte, em sala de aula, a "tia" Aparecida comentou que teríamos trinta dias para ler o livro e fazer a prova. Quando eu disse que já tinha terminado, ela não acreditou e me pediu que falasse sobre a história. Na frente da sala, contei o que tinha lido, e ela me felicitou: "Muito bem, palmas para o Alysson!".

Aquele som, aquele ruído crescente, aquelas palmas, gritos, assovios... Aquela vibração atravessou meu corpo como um choque elétrico, e foi então que eu descobri o que era sucesso para mim.

O poder do elogio da professora e as palmas dos colegas de sala me mostraram que, independentemente do que eu fizesse, de com o que trabalhasse, eu queria aquele sentimento. E foi tão forte, tão intenso, tão visceral, que eu li o tal livrinho 33 vezes seguidas, e institui uma disputa interna na sala: quem leria mais vezes antes da prova. A cada vitória, a tia Aparecida repetia o pedido de palmas, e a eletricidade tomava conta de mim.

Foi assim que a bola me tornou o leitor mais voraz da minha sala, da minha rua, talvez do bairro. Eu li não só os livros da minha casa, mas comecei a pegar emprestados os de todos os vizinhos, especialmente da dona Arlete, do seu Antônio e da dona Maria Cida. E a leitura já não era só nos dias de futebol, ela se tornou meu principal *hobby*.

Providência divina ou ironia do destino – chame como quiser –, hoje eu não tenho nenhum amigo de infância que se tornou jogador profissional de futebol, mas você está aqui agora lendo um dos livros que eu escrevi. Qual recado Deus tem tentado mostrar a você, e você, por teimosia, procrastinação ou por querer viver o sonho de outro, ainda insiste em não realizar?

O QUE ESPERAM DE VOCÊ?

Sim, é verdade que os resultados são proporcionais ao tamanho dos nossos passos. Aquilo que buscamos na vida só será alcançado com esforço e dedicação, e a quantidade de esforço que aplicamos determinará os resultados que alcançaremos. Se queremos melhorar nossa forma física, precisamos fazer exercícios regularmente e seguir uma alimentação saudável. Se queremos ter sucesso em nossa carreira, precisamos trabalhar duro e investir em nosso desenvolvimento profissional. Se queremos construir relacionamentos saudáveis, precisamos investir tempo e energia em nossas interações com as pessoas.

Os resultados são, sim, uma consequência dos passos que damos na vida; quanto maior o nosso esforço, mais longe chegaremos e maiores serão nossos resultados. Mas será que é isso que esperam de nós? Será que a sociedade, os governos, as instituições esperam e/ou querem que façamos o melhor, que busquemos o nosso máximo potencial?

Você pode até não acreditar, mas a grande verdade é que seria impossível fazer que todos atingissem seu máximo potencial. O equilíbrio das engrenagens do motor produtivo mundial encalharia se todos os homens, da noite para o dia, ativassem o modo ATITUDENOW de suas vidas. Vamos falar a verdade, para cada líder precisam existir liderados, para cada pessoa com uma grande ideia precisam existir outras que trabalhem para ajudar a fazer acontecer.

Pensando com clareza, é simples entender que não se espera o máximo de todas as pessoas, porque, se todos despertam para essa verdade de que o potencial humano é ilimitado, quem irá ocupar as posições mais baixas nessa hierarquia?

O motor da sociedade precisa de engrenagens para girar. Engrenagens que rodem sempre para o mesmo lado, ocupando um pequeno espaço predefinido, e que não atrapalhe o compasso robótico da engrenagem ao lado.

Mas, quando você entende o movimento ATITUDENOW, percebe que não nasceu para ser engrenagem. Na verdade, você é combustível, é o líquido que se adapta a qualquer superfície, que faz o motor girar e que pode colocar fogo no mundo.

A partir disso, precisamos retomar a afirmação de que escolhas não existem. Se você não tomar logo o seu lugar do lado certo, alguém vai colocar você do outro lado, e você passará o resto da vida no modo "deixa a vida me levar", repetindo que "a vida é feita de escolhas". Qual é o seu lado, o dos líderes ou dos liderados? Você vai voar em bandos ou vai começar a cortar o vento e desbravar caminhos que ninguém tentou? Caminhar passo a passo ou dar saltos sem ver o outro lado, atingindo resultados imensamente maiores do que a sua perna?

Basta despertar para seguir o caminho que você mesmo traçou.

> **NÃO SE JULGUE POR PASSAR MUITO DO SEU TEMPO EM 'RESENHAS', TOME ATITUDE PARA TRANSFORMÁ-LAS EM RESENHAS PRODUTIVAS.**
>
> RODOLPHO VALENTINO
> @rodolpho_valentino

Qual é o seu lado, o dos líderes ou dos liderados?

Eu era um lobisomem juvenil

CAPÍTULO 5

A minha vida parecia promissora: eu já havia aprendido a ganhar dinheiro, já sabia que o poder das conexões me levaria para onde eu aparentemente não sabia chegar, já havia despertado para a importância da leitura e da busca pelo conhecimento. Tudo seguia em um compasso de avanço.

Mas isso não era o que esperavam de mim. Eu era o garoto pobre, da família humilde, que passava dificuldades, que recebia críticas e não sabia lidar com elas. Por isso, aos 13 anos, comecei a fazer o que esperavam de mim.

Na configuração mental da minha família, um filho forte, saudável e com essa idade já estava pronto para o mercado de trabalho e poderia ajudar a dirimir as despesas da casa com o fruto do seu esforço. E foi aí que, no auge da minha adolescência, me tornei ajudante em uma oficina auto elétrica.

Para ser sincero, eu ainda não sabia bem o que queria da vida. Meu único anseio desde garoto era me tornar músico. Embalado pela onda do rock nacional dos anos 1980, sonhava em encantar multidões, tocar guitarra, cantar e receber os aplausos que passavam como eletricidade pelo meu corpo. Mas aquele sonho parecia muito distante da realidade do menino do interior do Rio de Janeiro que não tinha instrumento, não tinha disciplina para estudar e aprender nem, muito menos, tempo para isso, já que trabalhava durante o dia e estudava à noite.

Fui, então, ajudando a roda da vida a girar, acompanhado por um gerente opressor, que não se cansava de repetir: "Esquece o que você sabe e faz o que eu estou mandando". Fui me encolhendo. Executava com maestria o que me diziam, esquecendo literalmente o que eu sabia e, mesmo jovem, ganhei destaque no trabalho. Tornei-me orgulho dos donos da empresa, que exibiam aquele jovem garoto como um grande potencial. E eu, viciado em aplausos desde os 9 anos, me dedicava ainda mais para receber os elogios.

Aos 14 anos, eu já retirava, desmontava, consertava e colocava no lugar o motor de arranque de uma Scania, dando muito orgulho para todos à minha volta. *Mas e pra mim? Como eu me sentia?*

Na escola, eu era um aluno mediano, não me encaixava, não entendia por que precisava aprender matérias que eu tinha certeza de que jamais usaria. Mas era o que esperavam de mim, e eu precisava cumprir sem retrucar. Até a quinta série primária, eu só queria passar ileso, sem apanhar de nenhum colega e muito menos ser notado por alguma besteira que fizesse ou falasse. Eu não tinha grandes vitórias, não era destaque, não era da turma da frente e muito menos do fundão, me escondia nas cadeiras do meio: quem não é visto não é lembrado. Mas eu era lembrado. Era alvo da galera do fundão, das piadas, da zoeira e até dos tapas na cara, e, se não tivesse fugido em algum momento, poderia ter apanhado feio dos valentões da sala.

Até que, na sexta série, ocorreu um fenômeno: na primeira aula de educação física do ano, o professor fazia a anamnese dos alunos, e eu, com 13 anos, descobri que tinha 1,82 metro de altura, mais alto do que todos da sala. E, sim, tamanho é documento. Se eu era o maior, não poderia apanhar de ninguém, não permitiria mais ser zoado. Eu já trabalhava, ganhava meu dinheiro, e não seria importunado por garotos que dependiam da mesada dos pais.

E o menino do meio da sala começou a liderar a galera do fundão. Eu já fazia o que esperavam de mim, trabalhava, pagava minhas contas, e ainda assumi a luz e o telefone da minha casa. Assim, segui o compasso esperado até a chegada ao ensino médio.

O rock estava estampado nas paredes do meu quarto, na cabeleira que ostentava com orgulho, e encontrei minha tribo na escola, ao cantarolar músicas que faziam sentido para mim: "Se o mundo é mesmo parecido com o que vejo/ Prefiro acreditar no mundo do meu jeito/ E você estava esperando voar/ Mas como chegar até as nuvens com os pés no chão?". Essa letra da Legião Urbana[6] representava exatamente como eu me sentia.

---

[6] EU ERA um lobisomem juvenil. Intérprete: Legião Urbana. In: As quatro estações.. *In:* **As quatro estações**. Rio de Janeiro: EMI-Odeon, 1989. Faixa 5.

Nessas cantorias, fui abordado por um rapaz, Robson, que estava montando uma banda, precisava de um vocalista e gostaria que eu fizesse um teste. Os aplausos estavam prestes a voltar. O ano era 1993, e nascia ali a banda Kronos, que depois se tornou Anistia e, por fim, Vermelho Mensal. E eu comecei a fazer exatamente o que **não** esperavam de mim.

APTUS

Se a vida não é feita de escolhas, o que realmente faz a diferença – hoje eu posso dizer, sem sombras de dúvidas –, é a ATITUDE. Ela é a responsável por diferenciar quem realiza de quem não realiza. Parece simples, mas é um exercício diário e uma luta contra a natureza procrastinadora do ser humano.

Tomar a atitude e fazer acontecer requer boas doses de autoconfiança, autoconhecimento e autoestima. Se você sabe quem realmente você é, confia em suas capacidades e se ama acima de tudo, está a poucos passos de ativar o modo ATITUDENOW da sua vida.

O problema é que, no afã de agradar o outro, de pertencer, de não incomodar, nós geralmente suprimimos nossas vontades e vivemos de acordo com a conveniência da vida em sociedade, cumprindo o que se espera de nós, sem criar grandes metas, expectativas, e, sobretudo, sem ser notado, nas carteiras do meio da grande sala de aula da vida.

O anseio de agradar o outro cria efeitos desastrosos na vida do ser humano: ele compara, repara e, se bobear, para. Para de produzir, de fazer a diferença, de ser notado. Tudo o que se pretende colocar em prática é, primeiro, levado para a aprovação social, um processo que eu chamo de "subida do drone". Se vou montar uma empresa, por exemplo, primeiro eu subo o drone e avalio, lá de cima, o que a sociedade vai pensar, como minha família vai reagir, se o mercado ao qual estou me inserindo traz boas rentabilidades, avalio tudo, menos o que mais importa e que não pode ser visto lá do alto, pelas lentes do drone: o que está dentro de mim, no meu interior, na minha essência, nos meus princípios e valores.

A comparação é sempre com o outro: a grama do vizinho sempre parece mais verde. Amigo, preste atenção: não existe grama

O anseio de agradar o outro cria efeitos desastrosos na vida do ser humano: ele compara, repara e, se bobear, para. Para de produzir, de fazer a diferença, de ser notado.

EU ERA UM LOBISOMEM JUVENIL

autocortável, autoadubável e muito menos autorregável. Se a grama do vizinho é mais verde do que a sua, é simplesmente porque ele está ocupando o tempo dele cuidando da grama, e não olhando pela janela.

Baixe o seu drone e comece a olhar para dentro de si, só assim sairá dos 98,8% da população e entenderá como pensam os 1,2% mais prósperos.

Não espere grandes resultados enquanto se dedica a algo que não tem a ver com você, que não está no seu DNA. É exatamente aí que está a famosa faixa do talento. Aquilo que acreditamos ter nascido para realizar, que cumpre o nosso propósito, que nos faz felizes e com a sensação de sucesso.

A relação entre a busca pelo propósito e a tomada de atitude é tão próxima que está na essência da palavra que dá o título a este livro. *Como assim?* Eu explico! Quando eu finalmente entendi o que faria a diferença para mim, quando entendi que escolhas não existem e que é a atitude que muda o mundo, comecei a buscar explicações para isso em todas as áreas: psicológica, cognitiva, fisiológica. Nós vamos falar sobre tudo isso nas próximas páginas, mas, no início, o que mais me chamou a atenção foi a etimologia da palavra.

"Atitude" vem do latim *aptus*. Repita em voz alta: *aptus*. Percebe que não se parece com atitude? Na maioria dos casos, a fonética da palavra mãe tem ligação com o termo que ela cria, mas neste, não. *Aptus* se parece muito mais com "apto", de "aptidão", do que com "atitude". E sabe o que é o mais interessante? É que *aptus* também dá origem à palavra apto.

Do latim *aptus*, nascem tanto a palavra "apto" (de "aptidão") quanto "atitude". A mesma origem para duas palavras distintas e com significados que parecem bem diferentes. Mas podemos fazer, sim, um paralelo entre elas: você só terá ATITUDE para aquilo que já tiver aptidão, portanto, baixe logo esse drone, pare de olhar para a vida do outro, para o mercado, para a vizinhança, para o que quer que seja, porque o que está dentro de você é o que realmente faz diferença.

A câmera do drone, lá do alto, vê quase tudo, menos o que está dentro do seu coração. Encontrar a sua essência faz que você se destaque porque, por mais que pareça simples, o que você faz com amor, com essência, valores e propósitos alinhados, você faz melhor. Se faz melhor, você se destaca. Se você se destaca, atinge o tão sonhado estado de bem-estar que chamamos carinhosamente de sucesso.

49

Diversão é solução, sim!

A vida começou a ganhar um novo colorido. Eu trabalhava na oficina, estudava à noite e, aos fins de semana, ensaiava com meus amigos. Vivíamos juntos, fazíamos nossas bagunças, tudo embalado pelo bom e velho rock'n'roll. Não éramos a melhor banda, aliás, fizemos pouquíssimos shows, mas éramos grandes amigos, vivendo as aventuras da juventude juntos.

Seria esse o meu diferencial? Estava na música o meu propósito? Ou ali estávamos apenas construindo nossas memórias afetivas futuras? O trabalho na oficina durou quase sete anos, saí dali um jovem adulto, aos 19, quando não aguentava mais trabalhar sujo e pedi demissão para correr atrás do que era meu, do que eu acreditava que ainda me esperava, além do horizonte simples que eu enxergava fazendo o que esperavam de mim.

Jovem, desempregado, sem grandes talentos, sem dinheiro e sem saber para onde ir, esse era o meu cenário aos 19 anos. O que faltava para piorar? Brigar com a família e sair de casa – foi exatamente o que aconteceu. Em uma discussão boba com a minha mãe, o lado rebelde sem causa gritou, eu juntei uma mochila e saí. *Para onde?* Não tinha ideia.

O primeiro refúgio foi a casa de um amigo, depois a da namorada, a da madrinha e, por fim, fui morar em um quarto no terraço da casa dos meus tios, na rua abaixo da casa dos meus pais. A sabedoria foi do meu tio, Luiz Paulo, que percebeu o risco do jovem rebelde sem ter para onde ir e me ofereceu o lugar. Assim se cumpria o meu "grito de independência", mas ele me mantinha sob os olhos e a tutela da família.

Tudo fez parte da providência divina. Eu tinha um papel a cumprir ali, sobretudo em uma troca generosa entre mim e esse meu tio, que foi acima de tudo um amigo, um incentivador e uma das pessoas de que sinto mais falta na vida, pois faleceu precocemente vítima de um câncer muito agressivo.

Naquela época, o tio Basquete (esse era o apelido dele), já convivia com a doença, e eu, que estava ali perto, o acompanhava para todos os lugares. Ele era extremamente ativo na comunidade católica e fazia alguns programas religiosos em uma rádio comunitária da minha cidade natal. Eu ia junto para que ele não precisasse dirigir e operava o som para que ele ficasse livre para a locução. Ali, eu recebia as instruções de um dos caras mais inteligentes e de mentalidade ATITUDENOW que eu conheci na minha vida, e ainda despertei para uma área que naturalmente me tomou de assalto: a comunicação.

Eu sempre tive a voz um pouco mais forte, mais grossa, quase empostada, e meu tio me pedia para falar algumas pequenas frases no programa que ele fazia. No começo, muito tímido, eu evitava, mas ele era do tipo de líder que sabia pedir, agradar e impor: "Leia agora, que eu tô mandando!", quem pode negar um pedido carinhoso desses?

Assim foi até que, um dia, ele cercou o dono da rádio e pediu para que fizesse um teste comigo, que eu já dominava os equipamentos e estava pronto para assumir um programa. Fiquei muito nervoso, ele não havia me preparado para o momento, simplesmente encontrou com o proprietário e fez a provocação. Resultado? Fiz o teste no mesmo dia, fui aprovado e, na semana seguinte, assumi um horário na emissora.

A rádio me trazia a mesma sensação que as palmas da tia Aparecida provocaram no pequeno Alysson. Eu recebia elogios, ganhava presentes, as pessoas queriam me conhecer na emissora e até uma pequena legião de fãs começou a se desenhar.

Do rádio, no ano seguinte, mais uma vez pelos empurrões do tio Basquete, eu conheci os palcos, apresentando eventos. Comecei com a festa da comunidade e, pouco tempo depois, já apresentava os grandes eventos e cerimoniais públicos da cidade e do estado. Graças ao apoio de amigos, em especial do secretário de cultura do meu município, Célio de Souza, eu era a voz oficial do município e um homem reconhecido profissionalmente em todos os lugares por onde passava.

Mas, por trás da pequena fama, ainda estava o garoto pobre, filho do seu Zitinho e da dona Elza, que não tinha nenhum tipo de gestão

DIVERSÃO É SOLUÇÃO, SIM!

emocional, que havia matado a veia empreendedora aos 13 anos que foi criado em um ambiente de escassez. Por mais que tivesse reconhecimento, eu não conseguia transformar isso em grandes ganhos.

Eu trabalhava muito, dia, tarde, noite, madrugada, mas ganhava pouco e gastava acima do que podia. Vivia endividado e não acumulava patrimônio. Como eu não tinha controle administrativo de nada, montei alguns empreendimentos, mas quebrei algumas vezes. Eu tinha atitude, mas sem responsabilidade e planejamento, atitude demais pode se tornar inconsequência.

O PASSO 45

Qual é o equilíbrio entre a tomada de atitude, a ousadia, o "se jogar" e a inconsequência? Na minha singela opinião, o que delimita o que é saudável ou não são as metas e objetivos que você traçar e o prazo que impor para cumpri-las.

Eu chamo isso de **busca pelo passo 45**. *Como assim?* Os frasistas de plantão vão dizer que a vida precisa seguir em um passo a passo. Dê o passo 1, sinta o chão firme e só depois dê o passo 2, quando suas pernas estiverem estáveis e fortes, comece o movimento do passo 3.

Sinceramente, morri de tédio! Eu não sou esse cara, eu vou dar alguns saltos enquanto você está no passo a passo, e mesmo que eu caia e tenha que refazer algum processo, vou me levantar e continuar na sua frente, porque o GPS da minha vida tem o modo ATITUDENOW ativado. Viver a vida intensamente é o meu lema. Com frequência, em minhas fotos nas redes sociais, faço um símbolo com a mão: os dedos polegar e anelar unidos na palma da mão, enquanto indicador, pai de todos e mindinho estão para o alto, formando as letras V e I, de Viver Intensamente.

Eu respeito se você não for assim, mas se acontecer algum tipo de disputa ou concorrência entre nós, qual atitude mental estará em vantagem?

O meu modo ATITUDENOW é ativado com toda potência. Se você está convencido a seguir pelo mesmo caminho, quero dar um conselho antes de começar sua jornada: pense no passo 45! Antes de dar o primeiro passo, pense e planeje exatamente os detalhes de aonde você quer chegar. Seja específico, coloque datas, objetivos, metas, pessoas que estarão ao seu lado, não se omita nem se limite, desenhe se for preciso, faça um mapa mental, escreva uma redação, use o máximo de referências que puder. Não é possível chegar a um lugar que você não conhece.

Há pouco tempo, eu fiz um "pacto" com três conhecidos. Nós nos abraçamos e dissemos que, em um ano, estaríamos nos principais palcos do Brasil, teríamos livros lançados, estaríamos sendo parados para fotos e autógrafos, assim como nossos mentores.

O tempo passou, e eu atingi todas as metas que estipulamos naquele dia, mas olho para os lados e não vejo mais os três. Nem olhando para trás consigo enxergá-los, tamanha a distância que imprimi entre nós – e não é porque sou um super-homem, mas porque me planejei para isso. Eu sabia exatamente onde, quando e como iria acontecer e, se eu sei aonde quero chegar, basta traçar o caminho entre o ponto A e o ponto B. Se em algum momento eu perder a estrada, apenas recalculo e rota e sigo, porque o objetivo continua sendo o mesmo. Será que eles fizeram isso? Será que sentiram o mesmo? Ou apenas jogaram a palavra ao vento e "deixa a vida me levar"?

Você pode perguntar: *Alysson, e por que você demorou tanto para transformar atitude em realização?* Eu não tinha objetivos, não tinha o passo 45, e se não existe um destino é muito fácil se perder, porque a vida é fluida e sempre trará surpresas, acontecimentos que você não controla e até provações.

É preciso equilibrar uma atitude forte e determinada com responsabilidade e disciplina. Ter uma atitude positiva e ousada é valioso demais, mas é essencial ter consciência dos riscos e das consequências de nossas ações. A responsabilidade envolve avaliar os riscos, tomar decisões informadas e estar disposto a enfrentar as consequências de nossas escolhas.

Eu sempre digo e repito: ser ATITUDENOW é agir com velocidade, autoconfiança e preparado para vitórias ou derrotas, sem mimimi, sem chororô, sem colocar a culpa no outro e muito menos parar na primeira adversidade ou no primeiro obstáculo. É importante cultivar uma mentalidade de crescimento, ter autodisciplina e estabelecer metas significativas para evitar a inconsequência e alcançar o sucesso de maneira equilibrada e sustentável.

É preciso equilibrar uma atitude forte e determinada com responsabilidade e disciplina.

ATITUDENOW: A DIREÇÃO DO SUCESSO

Existem três estudos fundamentais para se aprofundar nesse tema, eles estão nos livros *Mindset*, de Carol Dweck,[7] *Garra*, de Angela Duckworth[8] e *Teoria da motivação procrastinatória*, de Piers Steel.[9] Três renomados pesquisadores que têm contribuído para o entendimento do papel da atitude, da responsabilidade e do risco no comportamento humano.

Carol Dweck é conhecida por seu trabalho sobre a mentalidade de crescimento (*growth mindset*) e a mentalidade fixa (*fixed mindset*). A mentalidade de crescimento está relacionada à crença de que as habilidades e capacidades podem ser desenvolvidas por meio do esforço e da dedicação. Dweck destaca a importância de uma atitude de aprendizado contínuo e de enfrentar desafios com resiliência, além de ser fundamental ter responsabilidade ao estabelecer metas e abordar desafios, evitando comportamentos inconsequentes e impulsivos que possam levar a resultados negativos.

Angela Duckworth enfatiza a importância de ter uma atitude persistente e dedicada para alcançar objetivos. Ela destaca, ainda, a necessidade de equilibrar essa atitude com responsabilidade e autodisciplina, e argumenta que o *grit* não se trata apenas de uma atitude forte, mas também de disciplina para fazer escolhas responsáveis e se comprometer com ações que levem ao sucesso.

Piers Steel é conhecido por seu trabalho na área de motivação e autodisciplina. Ele desenvolveu a teoria da motivação procrastinatória, que explora as razões pelas quais as pessoas adiam tarefas e projetos importantes. Steel argumenta que a falta de responsabilidade e a procrastinação estão relacionadas a uma baixa valência percebida das tarefas, ou seja, quando não veem o valor ou a importância das tarefas, as pessoas são mais propensas a se tornarem inconsequentes e a adiar suas responsabilidades. O autor sugere que aumentar a valência percebida das tarefas e estabelecer metas claras e significativas pode ajudar a evitar comportamentos irresponsáveis.

De modo diferente e específico, os três pesquisadores tratam da importância de planejar muito bem o seu passo 45. Não é possível seguir de passo em passo sem conhecer o destino. Ao saber aonde se pretende chegar, é possível pular alguns passos e acelerar a sua conquista!

---

7 DWECK, C. S. **Mindset**: a nova psicologia do sucesso. Rio de Janeiro: Objetiva, 2017.
8 DUCKWORTH, A. **Garra**: o poder da paixão e da perseverança. Rio de Janeiro: Intrínseca, 2016.
9 STEEL, P. *op. cit*. p. 36

DIVERSÃO É SOLUÇÃO, SIM!

TUDO PARECE DIFÍCIL ATÉ QUE SEJA FEITO. SE VOCÊ REALMENTE TIVESSE CONHECIMENTO DA SUA FORÇA, A PALAVRA IMPOSSÍVEL NÃO SERIA MAIS UTILIZADA. A DISTÂNCIA ENTRE O POSSÍVEL E O IMPOSSÍVEL É A SUA FORÇA E A SUA **ATITUDE**.

LAÍS PIRES
@lais.pires.520

Eu sou o cara

CAPÍTULO 7

Eu bati a cabeça no teto – essa era a sensação. Com os estudos que eu tinha, com a capacitação que eu havia feito até então, eu tinha alcançado o meu limite. Naquele momento, precisava quebrar um bloqueio e estudar. Eu nunca gostei, não me encaixava, mas era preciso, senão eu seria apenas a voz oficial da cidade, não poderia ir além.

O caminho natural era o jornalismo. Mas eu já tinha concluído o ensino médio havia quase nove anos, e não sabia como seria a entrada no mundo acadêmico, certamente eu seria um dos mais velhos da turma. Além disso, não tinha nenhuma reserva financeira, e as dívidas ainda se acumulavam. Como faria para pagar uma mensalidade tão alta?

Tracei o plano: em seis meses, acumularia o dinheiro da matrícula e da primeira mensalidade, faria o vestibular de inverno e, depois de inscrito, aplicaria para uma bolsa de estudos. Eu acreditava muito no meu poder de conexões e sabia que poderia crescer com ele.

Economizei 2 mil reais, fiz o vestibular, passei em 11º lugar, paguei a matrícula e a primeira mensalidade, tudo conforme o planejado. O que eu não esperava era que o vestibular de junho fosse pouco procurado e, por falta de alunos matriculados, a turma de inverno não se formou.

Recebi uma ligação da secretaria da universidade informando o fato e me dando duas opções: "Sr. Alysson, você pode vir até a secretaria, restituímos os valores para você e no início do ano você refaz o vestibular, ou deixa aqui essas primeiras parcelas pagas e já garante a sua vaga na turma de janeiro, que é impossível não ter quórum".

Mais uma vez, senti a providência divina, porque com mais seis meses eu conseguiria garantir outras parcelas antes mesmo do início dos estudos. Assim foi feito e, em janeiro, quando as aulas começaram, eu tinha quatro meses pagos. Durante esse tempo, precisaria juntar apenas mais dois para garantir o primeiro período.

Mas e os outros sete períodos, Alysson? Jornalismo é uma habilitação de quatro anos!

Eu já tinha tudo traçado em minha mente. Modo ATITUDENOW ativado e, em seis meses de curso, precisava conquistar alguns objetivos dentro da sala de aula que me levariam à bolsa.

Primeira meta: tornar-me um líder da turma – e nem precisou muito para isso. A sala estava superlotada, e equipada apenas com ventiladores, ou seja, não era um ambiente agradável de aprendizado. Fui o primeiro a me levantar e pleitear junto à coordenação melhores condições. Consegui unir o grupo, a turma foi dividida em duas e meu objetivo, conquistado.

Segunda meta: tornar-me uma referência nos laboratórios práticos. Como eu já tinha conhecimentos de mercado, foi fácil entrar no laboratório de áudio e ganhar a confiança dos amigos de vídeo e fotografia. No quarto mês, eu já era figurinha carimbada no laboratório de telejornalismo. A maturidade de ser um dos mais velhos da turma também me ajudou, porque eu já sabia o que queria, então enquanto 90% da sala ia para barzinhos antes e depois das aulas, eu morava nos laboratórios.

Terceira meta: eu já era conhecido na cidade como locutor, então queria ganhar a conta da universidade, já que eles sempre tinham mídias veiculadas em rádio e televisão. Essa foi um pouco mais lenta, demorei exatamente seis meses para demonstrar a autoconfiança necessária para chamar a atenção do Núcleo de Comunicação Social (NCS) e ser convidado para estagiar na unidade e prestar serviços de locução.

Resultado: quando o segundo semestre teve início, eu não só não pagava a faculdade, como ainda recebia resquícios dos serviços prestados a eles.

Eu estava pronto para o próximo objetivo: começar a chamar atenção das emissoras de televisão.

EU SOU O CARA

Modo ATITUDENOW ativado, primeiro eu descobri quem era o gerente de jornalismo da Globo local. Fiz um levantamento e vi que tínhamos vários amigos em comum e que ele frequentava várias das festas que eu apresentava para o município. Em um desses eventos, me apresentei para ele: "Muito prazer, meu nome é Alysson, sou apresentador aqui do evento e gostaria muito que o senhor desse uma olhada em meu trabalho e me desse sua opinião. Estou no primeiro período de jornalismo, mas assim que terminar quero muito estar com vocês na emissora, e creio que minha performance de palco, especialmente com suas observações e dicas, poderão me ajudar a atingir esse objetivo".

Eu estava no primeiro período e, legalmente falando, só poderia ser contratado depois de três anos e meio, mas o passo 45 já estava apontado em meu GPS, e eu não iria esperar o prazo me apertar para encontrar o acesso de que eu gostaria. Essa rotina eu repeti durante os quatro anos seguintes. Sempre que o encontrava, frisava em qual período estava, e pedia sua opinião e dicas de como melhorar minha comunicação. Ao mesmo tempo, executava meu trabalho na prefeitura, fazia gravações em meu estúdio e desempenhava o estágio no NCS da universidade.

Esse empenho chamou a atenção dos veteranos da faculdade, muitos dos quais já atuavam em outros meios, e os convites não demoraram a surgir. No segundo semestre de 2006, por indicação de uma amiga, Andresa Gil, comecei a atuar como repórter do Canal 36 Volta Redonda, uma emissora do grupo NET. Era um trabalho *freelance*, mas eu me entreguei com dedicação total, e outros convites surgiram.

Apresentei um programa na Band Rio, gravei comerciais e uma produtora da cidade me convidou para fazer as reportagens do governo do estado do Rio de Janeiro. Precisei deixar o estágio, mantendo apenas o contrato de gravações com a faculdade, para que as mensalidades continuassem sendo pagas. O objetivo traçado no passo 45 estava bem próximo de ser realizado.

Em 2008, participei da linha de frente de um candidato a prefeito em minha cidade, conseguimos a eleição e eu fui nomeado Chefe de Eventos do setor de comunicação municipal. Com o cargo municipal e a ligação com o governo do estado, fui chamado para eventos estaduais, apresentei alguns cerimoniais, emprestado pelo município, e estava sendo cogitado para ser efetivado no estado.

Nessa jornada, terminei a faculdade com o mínimo de custos, mas o máximo de esforços, sempre focado no objetivo que tinha traçado desde o primeiro momento.

O EGO É SEU INIMIGO

Ser o cara da atitude também tem suas armadilhas. Ao arquitetar suas ações e agir com sinceridade e intencionalidade para buscá-las, em alguns momentos, você pode deixar situações saírem do controle, especialmente quando se trata do ego.

Segundo a teoria psicanalítica de Sigmund Freud, o ego é uma das três instâncias da mente, juntamente com o id e o superego.[10] O ego representa a consciência, a percepção da realidade e a capacidade de tomar decisões. Ele age como um mediador entre os desejos impulsivos do id (que busca gratificação imediata) e as demandas sociais e morais do superego (que representa o senso de certo e errado internalizado).

O ego desempenha um papel crucial na definição da identidade pessoal, na percepção do *self* e na interação com o mundo ao nosso redor. Ele está envolvido na formação da autoestima, no desenvolvimento do senso de si mesmo e na construção da imagem que projetamos para os outros.

O maior problema é quando você torna o ego o seu validador, quando os elogios e as palmas fazem que você olhe mais para o amor descontrolado que tem por si mesmo do que a compaixão e o olhar humanista para o outro. Quando o ego está descontrolado, comportamentos egocêntricos, narcisistas e excessivamente preocupados com a autoimagem podem causar prejuízos imensos. E, se você não controlar esses impulsos, o ego pode se tornar dominante, dificultando o equilíbrio emocional, prejudicando os relacionamentos e a capacidade de lidar com desafios e frustrações de maneira saudável.

E eu não estou falando apenas da mente!

Em termos físicos, o descontrole do ego pode levar ao estresse crônico. E o estresse prolongado pode se associar a uma série de

---

[10] FREUD, S. O eu e o id (1923). *In*: **Obras completas volume 16**: eu e o id, "autobiografia" e outros textos. São Paulo: Companhia das Letras, 2011.

EU SOU O CARA

problemas de saúde, incluindo doenças cardiovasculares, descontrole do sistema imunológico, distúrbios do sono e problemas digestivos. O ego descontrolado muitas vezes leva a um estado constante de tensão, preocupação excessiva com a imagem e busca incessante de validação externa, contribuindo assim para o aumento do estresse.

Emocionalmente, o descontrole do ego pode levar a problemas como ansiedade e depressão. Pessoas com o ego inflado tendem a ter maior vulnerabilidade emocional, pois podem experimentar reações negativas diante de críticas, fracassos ou ameaças à sua imagem. Além disso, a necessidade constante de se afirmar e de ser o centro das atenções pode levar a um sentimento de insatisfação crônica e dificuldade em lidar com as emoções. Pessoas com o ego inflado tornam o ambiente tóxico e podem destruir as relações sociais em ambientes de trabalho, familiar ou de amizades. A energia maior sempre domina o sistema.

Ativar o modo ATITUDENOW requer um controle emocional imenso, válvulas de escape para desinflar o ego e um olhar humanista para o próximo. Qualquer deslize em um desses fatores pode causar enormes prejuízos a você e aos outros à sua volta.

Ascensão e queda

CAPÍTULO 8

Eu estava no meu melhor momento: vida social em ascensão, financeiramente estável, me organizando para construir minha casa, várias ocupações profissionais, tinha começado a me relacionar com uma mulher maravilhosa, tudo ia muito bem naquele início de 2010. Eu havia encontrado o equilíbrio.

Até que, no mês de maio, recebi uma ligação do gerente de jornalismo da televisão – Agostinho Alípio era o nome dele, aquele mesmo, com quem conversava desde o primeiro período da faculdade: "Alysson, está chegando a Copa do Mundo, e nós vamos ter que emprestar alguns repórteres para a central. Eu gostaria de te convidar para fazer um teste de quinze dias conosco. Não é nenhuma promessa de emprego ainda, mas vou conseguir avaliar não só o locutor/apresentador, como também o repórter de televisão. Você me pediu essa oportunidade lá atrás e agora ela chegou".

O mundo parou de girar naquele momento, o sol brilhou mais forte, uma criança sorriu, tudo estava perfeito. Aceitei de bate pronto e fui conversar com o prefeito da época, Zé Renato, que era meu empregador. Pedi quinze dias de folga não remunerada e fui extremamente sincero sobre o que estava acontecendo. Ele não só me concedeu os dias, como me desejou boa sorte, disse que sentiria se eu precisasse sair, mas que sabia que a cidade ganharia muito com um representante na maior emissora da América Latina.

Lembro-me exatamente da primeira reportagem que gravei: cadetes da Academia Militar das Agulhas Negras (AMAN) assistindo a uma partida da Copa do Mundo em seu auditório.

Foram quinze dias entendendo o processo de uma grande emissora de televisão. Gravando, finalizando a reportagem e entregando para outro jornalista da casa regravar os *offs* para ir ao ar. Eu via no telejornal o meu texto, as imagens e entrevistas que fizemos, o escopo desenhado por mim – só não podia aparecer por não ser contratado. Foi a realização de um sonho, projetado cerca de quatro anos antes.

No dia do encerramento do prazo, o diretor me chamou para a sala dele, disse que havia gostado do material, que os ajustes eram pequenos e que ele tinha certeza de que era apenas um até logo, porque na primeira vaga que aparecesse eu seria informado.

Voltei para a prefeitura, e não foi fácil executar minhas funções nos dias que se seguiram. Nós nos acostumamos com o que é bom muito rápido, e voltar é difícil, mesmo que seja para algo que você também ame.

Cerca de um mês depois, no início de agosto, um novo telefonema. O mesmo diretor me dizendo que uma vaga estaria disponível em breve e que ele gostaria de me indicar. Ele disse que sabia que eu estava envolvido com uma campanha que acabara de começar, mas queria saber se eu tinha interesse.

Dois meses depois, uma reunião presencial foi marcada. Fui até a emissora e recebi uma proposta. O salário era quase quatro vezes menor do que o que eu recebia na prefeitura, e eu nem cogitei recusar. Seria contratado como produtor, mas desde o primeiro dia iria para a reportagem. Mais uma vez, não iria ao ar de imediato, porque minha imagem ainda era muito veiculada ao comercial e era preciso fazer o desligamento desse gatilho para que eu fosse incorporado ao elenco televisivo.

Assim, dia 18 de outubro de 2010, fui contratado pela TV Rio Sul, emissora da Rede Globo de Televisão, de propriedade do comentarista de futebol Arnaldo Cezar Coelho.

Mais uma vez, eu estava no auge, no meu melhor momento. Vida pessoal encaixada, vida amorosa se acertando também, e eu estava trabalhando onde sempre planejei. Fiquei ainda mais feliz quando o diretor me disse que eu era o primeiro recém-formado da região contratado para ir direto para a reportagem; minha vontade, garra e aplicação me capacitaram para isso. Lembra os aplausos da tia Aparecida? Eletricidade na veia mais uma vez.

Fui ganhando destaque, me aplicando cada vez mais, fazendo tudo que podia para me tornar o melhor e ir ao ar o mais rápido possível. Foram quatro meses gravando sem minha imagem aparecer na

ASCENSÃO E QUEDA

televisão, até a estreia, programada para uma série que seria exibida no RJTV 2ª Edição, "O novo consumidor", uma análise sobre o crescimento do poder de consumo da classe C.

Assistimos à estreia de casa, eu, minha (agora) esposa Michele e meu enteado Yago. Eu não cabia em mim de tanta felicidade. Passo 45 atingido com sucesso! Dali para a frente, a cada elogio, eletricidade, a cada reconhecimento na rua, eletricidade, a cada presente recebido, eletricidade, eu me sentia o garotinho do livro *O fantasma só faz buuu*.

Foram dois anos na base Resende, depois fui transferido para Volta Redonda. Nas férias e em ocasiões especiais, éramos emprestados para a capital e, quando estava lá, procurava fazer o meu melhor, deixar uma boa impressão – ser efetivado ali era o novo passo 45.

Passei por diversos editoriais – cidade, polícia, política, esporte –, me tornei apresentador stand-by (dos fins de semana e feriados) do RJTV 1ª Edição, narrador oficial de futsal da emissora, estava tudo perfeito, até que dia 16 de outubro de 2015 a chefe de reportagem da emissora me chamou para conversar. Apenas pelo olhar dela, eu já entendi, seria desligado.

Eu havia me dedicado tanto, dado meu sangue, defendido a bandeira da emissora com unhas e dentes, e mesmo assim fui demitido pela primeira vez na minha vida. O sentimento era de um amargor intenso, não consegui falar com ninguém, nem me despedir, saí rápido para que não percebessem que eu estava chorando. Como eu contaria para minha esposa? A essa altura, éramos quatro, minha princesa Gaby havia nascido em 2012. O aniversário de 3 anos dela tinha acabado de passar, meu Deus, como eu poderia ficar sem plano de saúde com uma criança tão pequena?

Eu deveria tentar falar com alguém? Pedir uma segunda chance? O diretor que havia me contratado estava de férias, e eu não sabia com quem falar sobre isso. Foi nessa hora que comecei a pensar: em quem eu podia confiar? Quem eram meus amigos ali dentro? Em um grupo de centenas de funcionários, eu enumerei menos de dez com quem tinha realmente relação de proximidade – e meus olhos foram se abrindo.

Durante cinco anos, eu vivi um processo de crescimento e destruição de relações interpessoais ali dentro. No afã de sempre fazer o melhor material, de produzir o melhor conteúdo, de receber os aplausos que tanto esperava, eu passei por cima das amizades. Entre uma palavra carinhosa com um amigo de trabalho ou uma reportagem bem-produzida, eu sempre escolhia o segundo. Recebia os aplausos, meu ego se inflava ainda mais, e eu me enganava: "Meu patrão se chama Arnaldo Cezar Coelho, não preciso de amigos aqui dentro, só preciso que ele esteja satisfeito com o que eu faço".

Eu havia me tornado a pior versão de mim mesmo em troca apenas da gratificação do elogio, e isso me cegou de tal forma que eu nem percebi quando eles pararam de chegar, nem notei que as melhores reportagens já não eram designadas a mim. O trabalho chegava, eu executava e ia embora. Eu havia me tornado o meu primeiro encarregado, lá da oficina: "Esquece o que você sabe e faz o que eu estou mandando".

Essa demissão me rendeu ótimos aprendizados. Eu achava que seria contratado no dia seguinte por outra emissora, meu currículo era muito bom, mas isso não aconteceu. Não foi fácil conceber e aceitar tudo isso, mas aos poucos eu percebi que o meu próprio ego havia me jogado no chão.

AUTORIDADE

Ativar o modo ATIDUDENOW de sua vida é, acima de tudo, um grito de independência. Uma afirmação de poder, uma percepção tão clara de quem é você que nada pode tirá-lo da rota para o sucesso.

A vida é feita de altos e baixos. Por isso, saber se reerguer após as provações é um grande exercício de sabedoria. Mas só os fortes entendem esse momento da maneira certa. Estar mal não transforma você em alguém ruim ou sem capacidades; você está, você não é.

Quem vive o modo ATITUDENOW entende que a busca por autoridade respeita uma equação simples:

> **POSICIONAMENTO FIRME E IRREDUTÍVEL + CONHECIMENTO = AUTORIDADE**

Comece a olhar suas maiores referências. Tenho certeza de que, independentemente do tamanho que ele tenha hoje, quando deu os primeiros passos, apenas uma pessoa acreditava em sua capacidade: ele mesmo. E isso não o impediu; pelo contrário, provavelmente o motivou.

ASCENSÃO E QUEDA

Pessoas atitudinais entendem o seu poder antes mesmo do reconhecimento do outro. Elas batem na mesa, afirmam que são as melhores na área em que atuam, mesmo que sejam ainda pequenas. No documentário *Notorious*,[11] de 2017, que conta a história do início da trajetória de um dos maiores campeões do UFC, Conor McGregor, vimos que ele já se declarava o melhor de todos os tempos no MMA quando ainda morava com a namorada, de favor, em um cômodo na casa da mãe. E filmava tudo, no início da carreira, para utilizar no documentário que ele já sabia que lançaria cerca de dez anos depois.

Quem ativa o modo ATITUDENOW não permite que outros duvidem de sua capacidade, mesmo nos piores momentos de sua vida. Quando postos a prova, eles somam o conhecimento ao posicionamento firme e, provando que são realmente referência, transformam a opinião que antes era só sua na opinião de mais uma pessoa.

Agora são dois repetindo que ele é o melhor naquele segmento, dois se tornam quatro, quatro se tornam oito, de oito para dezesseis, cem, mil, um milhão e daí por diante.

A pergunta que fica é: Em qual mesa você não está batendo? Se você ainda não é visto como autoridade no seu segmento, por que você não começa a declarar a sua própria autoridade? Ninguém vai apoiá-lo nos primeiros passos, mas você não precisa da aprovação e muito menos da validação de ninguém. Apenas siga, persista, continue, não se permita desanimar, por mais difícil que possa parecer. O vencedor não é o mais forte ou o mais inteligente, e sim o mais persistente. O contrário de sucesso não é fracasso, é desistência.

Winston Churchill afirmava: "Sucesso é seguir de fracasso em fracasso sem perder o entusiasmo".[12] Você desistiu na primeira pedra que jogaram? Na primeira vez que lhe disseram que você era louco? Pois saiba que primeiro vão rir de você, depois vão chamá-lo de louco e, por último, vão querer saber o seu segredo para ter alcançado o sucesso. Não deixe de responder: "Eu fiquei louco", porque o mundo não deve nada aos normais.

Na verdade, esse globo gigantesco só gira porque existe uma grande manivela invisível chamada ATITUDE e centenas de milhares

---

11 NOTORIOUS. Direção: Gavin Fitzgerald. EUA: Universal Pictures, 2017. Vídeo (97 min).

12 MANCHESTER, W. **The Last Lion**: Winston Spencer Churchill: alone, 1932-1940. Nova York: Bantam, 1989.

de loucos, como eu e como você, pendurados nela, proporcionando aos "normais" a possibilidade de viajar nessa aventura chamada vida.

Não desista, nunca! A vitória pode estar na próxima esquina. Ative o modo ATITUDENOW e deixe que digam, que pensem, que falem... Bata na mesa e mostre que você é quem manda no seu segmento.

Se você quer criar treinamentos, mentorias ou produtos digitais, transformando suas ideias em um negócio lucrativo, eu sou o melhor cara do Brasil e um dos melhores do mundo para guiá-lo nesse processo. Você só tem duas opções: ou você concorda, ou ainda não me conhece.

> PARA O MAL PREVALECER, BASTA QUE OS BONS FIQUEM INERTES. SER **ATITUDENOW** VAI ALÉM DE SIMPLESMENTE QUERER OU POSSUIR CONHECIMENTO; É SOBRE ALCANÇAR O CORAÇÃO DAS PESSOAS COM SOLUÇÕES TANGÍVEIS. É AQUI QUE ESTE LIVRO SE DESTACA! ALYSSON TRANSFORMARÁ SUA INSPIRAÇÃO EM AÇÃO, CONCRETIZANDO A VERDADEIRA **ATITUDE**!
>
> MESSI
> **@messipf**

Quem ativa o modo ATITUDENOW não permite que outros duvidem de sua capacidade.

O fundo do poço

CAPÍTULO 9

A proposta milagrosa que eu esperava não veio. Os dias se passavam, e a cada entrevista que fazia eu acreditava que seria a última, mas não era. Fiquei ainda um ano prestando serviços para o programa *Interesse Público*, da TV Justiça, por meio da mesma produtora que me levou ao governo do estado, mas a rentabilidade era baixa e eu precisava de mais.

Voltei a fazer campanhas políticas, já que 2016 era ano de eleição, e ingressei na diretoria de comunicação e *marketing* do clube de futebol da minha cidade natal. Por fim, recebi um convite para voltar ao rádio, ao lado de um dos grandes ícones do Brasil, o meu querido amigo Francisco Barbosa, dublador original do Tigra, personagem dos *Thundercats*, com quem trabalhei por alguns meses. Lembra o que contei sobre os Thundercats, logo no início do livro? Pois é, para quem sonhava ter a coleção, agora eu trabalhava como comentarista do Tigra – e me sentia o Panthro.

No início de 2017, um dos vereadores que elegemos me convidou para integrar o grupo de assessores dele, e eu aceitei. Não estava em meus planos assessoria política, mas eu precisava me reerguer. E aquele foi o último episódio do Alysson em sua cidade natal. Fizemos um trabalho exemplar, eu mesmo ajudei a construir centenas de projetos de lei para o vereador, seguíamos o mandato com honestidade e sinceridade.

Dentro desse processo, montamos um projeto incrível de incentivo a formação de novos atletas, montando uma parceria entre a prefeitura e o clube que leva o nome da cidade. Mas o processo foi barrado pelo presidente da Comissão de Constituição e Justiça da Câmara, sob a alegação de inconstitucionalidade.

Estávamos muito seguros da viabilidade do projeto, convidamos a torcida, e levamos um balde de água fria. Eu fiquei extremamente irritado e abri meu coração, com palavras não tão amorosas sobre o presidente da comissão, dentro de um grupo da torcida organizada.

Alguém levou o áudio até ele, ele pediu minha exoneração e, para não prejudicar o vereador que eu assessorava, coloquei meu cargo à disposição. Naquele momento, eu entendi, eu estava no lugar errado, e isso estava me tornando a pessoa errada, com sentimentos errados, energia errada, negativismo, mimimi e todo tipo de sentimento destrutivo possível.

Eu precisava mudar de ambiente drasticamente, por mais que o momento fosse terrível e que eu precisasse voltar para casa e explicar à minha família uma nova demissão. Eu tinha certeza de quem eu era, sabia que podia muito mais, e ninguém seria capaz de limitar meu crescimento – mesmo que, naquele momento, só eu mesmo visse isso. Eu estava no fundo do poço, mas sabia que o poço era meu e, se eu o havia cavado, também podia instalar uma escada e sair de lá.

SEJA GRATO

Nesse momento, é importante entender o poder da fé. Acreditar sem ver, enxergar o impossível de olhos fechados, buscar a conexão com o que você chama de divino. Não importa a sua crença, o que eu chamo de Deus você pode chamar de Alá, Buda, Krishna, Universo ou do que quiser, o importante é saber que existe uma força maior, uma energia universal que rege o mundo e que vibra, torce e age com toda positividade para você.

A pergunta é: quanto de energia positiva você devolve? Quanto você se conecta, seja em pensamento, oração, vibração ou apenas derramando gratidão por onde passa? Em todas as crenças do mundo, existe uma unidade, uma verdade indiscutível: quanto mais grato você for, e quanto mais externar e espalhar essa gratidão, mais receberá em troca.

Eu não estou aqui para dar lição de moral em ninguém, mas, amigo, nem um cachorro aguenta ficar perto de uma pessoa mal-humorada, de mal com a vida, que só reclama ou pragueja o tempo todo. Seja quem você for, espalhe boas energias por aí, grite se for preciso, mude o

O FUNDO DO POÇO

ambiente à sua volta. Como eu já disse antes, a energia maior domina o sistema, então transborde positividade.

Tenha certeza de que o mundo é um lugar bom, lotado de gente boa, bonita, saudável e disposta a fazer o bem. *Mas, Alysson, eu não vejo isso na TV!* Então desligue a televisão! Pare de se apoiar no que já vem pronto para você, pare de se ajustar a tudo o que dizem que é o melhor para você. As pessoas à sua volta não esperam o seu sucesso, só querem que você continue a nadar.

Sabe por que os maus aparecem muito mais? Porque eles não se omitem, eles gritam e mostram o quanto são maus. Já o bem é silencioso, não incomoda nem cobra espaço, não vira notícia de jornal – e quem está falando isso é um jornalista!

Mas, se o ambiente que você frequenta for muito carregado, nem os seus maiores esforços, a maior alegria do mundo, a melhor vibração, nem o poder intenso da gratidão conseguirão mudar isso. A solução é uma só: **mude de ambiente**.

Novos ares

CAPÍTULO 10

Eu nunca fui apegado demais a lugares e bens materiais. Na verdade, sair da minha região sempre foi um desejo que nunca havia se concretizado porque eu não coloquei a energia certa para que isso acontecesse. Mas, depois de todos os acontecimentos que narrei, eu sabia que meu ciclo tinha se encerrado e recomecei a espalhar currículos. Precisava de novos ares, de algo para renovar a minha mente, e tinha certeza de que não era em televisão que eu me encontraria novamente; ela seria apenas uma ferramenta de transição.

As propostas começaram a chegar, e três delas chamaram a minha atenção: uma me levaria novamente para uma emissora Globo, dessa vez em Minas Gerais, outra para a sua principal concorrente, no Vale do Paraíba fluminense, e a terceira para assumir um escritório de um programa agro, em uma pequena emissora em Cuiabá. Pela localização, estava mais tentado a aceitar uma das duas primeiras.

Nesse meio tempo, o clube do qual eu era diretor enviaria três garotos para um teste no Atlético Goianiense, cuja sede é em Goiânia. Como os outros diretores não estavam disponíveis para a viagem, eu me dispus a fazê-la acompanhando os jovens. Todos os dias, eu deixava os garotos no treino e dava uma volta pela cidade.

Em um desses passeios, recebi uma ligação do diretor do programa Agro, que havia recebido minha recusa. Ele disse que gostaria de me fazer uma nova proposta: assumir uma nova base da emissora em Goiânia – até olhei para os lados procurando as câmeras, só podia ser pegadinha. Quando eu disse a ele que estava em Goiânia, pela primeira vez, e relatei o local exato, ele me contou que eu estava a menos de 500 metros do escritório da emissora. Veja como Deus age em nossas vidas.

A decisão foi rápida, os trâmites de contratação também, e em menos de um mês eu saí do Rio de Janeiro em direção a Goiás, em um carro velho lotado de coisas, para que eu me virasse sozinho durante quatro meses, me estabelecesse e preparasse o terreno para a chegada da minha família.

Cheguei a Goiânia sem conhecer ninguém, eu estava sozinho e tinha só uma missão: preparar tudo para minha esposa e filhos. O salário mal pagava o meu aluguel e as despesas dos que ficaram em nossa casa, mas eu me conhecia, prometi à minha esposa que, antes que ela chegasse, eu já teria quatro ocupações para garantir o sustento que nossa família tanto buscava e merecia.

Tudo era novo para mim, mas eu era chefe de redação em uma emissora pequena, poderia montar a minha própria equipe e direcionar as ações para fazer o melhor material possível durante a minha estada. Esse era o momento de preparar a minha transição.

A BUSCA PELO NOVO

Quem disse que sua profissão ou ocupação atual precisam ser uma prisão? Foi-se o tempo em que as pessoas se formavam e estavam fadadas a viver uma vida exatamente igual todos os dias, obtendo resultados medianos e fingindo serem felizes até a morte chegar.

A expectativa de vida quase dobrou nos últimos cem anos[13] e continua avançando a cada segundo. Se levarmos em consideração a evolução científica atual, acredito que em poucas décadas a morte será por acidente ou uma opção. *Como assim?* Estudos já estão sendo feitos e nós não estamos muito longe da impressão de órgãos humanos.[14] A geração que vai viver mais de cem anos também já nasceu.[15]

Agora, imagine um jovem que se forma e, aos vinte e poucos anos, ingressa no mercado de trabalho. Viver oitenta anos fazendo a mesma coisa todos os dias não me parece muito agradável, por

---

[13] KALACHE, A. Revolução da longevidade é a maior conquista nos últimos cem anos. **Folha de S.Paulo**, 26 set. 2020. Disponível em: https://folha.com/i8szx9n0. Acesso em: 26 ago. 2023.

[14] IMPRESSÃO de órgãos 3D: entenda tudo sobre! **R-Crio**, 4 out. 2021. Disponível em: https://r-crio.com/blog/impressao-de-orgaos-3d-entenda-tudo-sobre/. Acesso em: 26 ago. 2023.

[15] FURLAN, F.; KATO, R. A geração que vai viver mais de 100 anos já nasceu. **Exame**, 15 nov. 2017. Disponível em: https://exame.com/revista-exame/nasce-a-geracao-centenaria/. Acesso em: 26 ago. 2023.

mais que possa ser lucrativo. Então, entenda, sua profissão não pode ser uma prisão. A única barreira que você tem entre o seu estado atual e um novo momento profissional é o tempo de estudos que você dedicará a ele.

Nós vivemos em um mundo cada vez mais acelerado e com uma overdose de informação. A inteligência artificial chegou para nos mostrar que estamos longe do limite, e várias das profissões atuais deixarão de existir. É possível que a profissão que o meu filho vá exercer ainda nem exista. Estamos em um processo acelerado de transformação, portanto, renovar sua mente e se abrir para o novo pode trazer enormes perspectivas de crescimento.

Recordo-me das palavras de meu pai quando eu ainda era adolescente: "Filho, você precisa fazer um curso e virar eletricista, porque eletricista não fica desempregado". Percebam: dentro da configuração mental dele, minha melhor oportunidade seria uma profissão simples, mas que me permitisse, mesmo sem estar em um emprego convencional, garantir o meu sustento e o da minha família. Para ele, que veio da roça e terminou a vida profissional como porteiro, esse já seria um grande avanço.

Dê um salto para o futuro: será que daqui a quarenta anos o seu filho não vai fazer a mesma comparação? "Acredita que meu pai queria que eu fosse médico/dentista/advogado porque era profissão lucrativa e estável no tempo dele?". Amigo, o mundo é redondo, gira e evolui a cada segundo. Se você não aprender a mudar de opinião, certamente vai ficar obsoleto extremamente rápido.

Eu, hoje, quando escrevo este livro, em 2023, tenho 45 anos, e me sinto pronto para reiniciar em qualquer carreira que eu quiser. Aliás, o que eu mais tenho feito nos últimos cinco anos é me renovar e mudar de opinião. O filósofo alemão Immanuel Kant, no século XVIII, já afirmava: "O sábio pode mudar de opinião. O ignorante, nunca". Pois eu prefiro ser essa metamorfose ambulante, do que ter aquela velha opinião formada sobre tudo.

Olhe para trás e compare-se. Certamente, você não é a mesma pessoa que foi há cinco anos – talvez não seja a mesma pessoa que foi ontem. Por que então ainda se prende a essa crença de que precisa continuar fazendo a mesma coisa para o resto da vida?

Avalie-se, coloque-se em xeque, duvide de suas próprias opiniões. Esses são os três princípios-base dos estudos do autoconhecimento:

auto-observação, reflexão e esforços práticos. Eu me observo, reflito sobre o que encontrei e coloco em ação as mudanças necessárias para o meu próprio crescimento. Comece a estudar sobre a pessoa mais importante da sua vida: **você mesmo**!

> **ENCARE A VIDA COM LEVEZA E AJA PARA A FELICIDADE NÃO SE ESQUECER DE VOCÊ.**
>
> ENZO PARANAGUÁ
> @enzoparanagua

Estamos em um processo acelerado de transformação.

Encontros e desencontros

CAPÍTULO 11

Eu havia acabado de chegar a um estado completamente diferente e sem conhecer ninguém. Mas pode colocar peso no diferente. Se o Rio de Janeiro é um dos estados com a umidade do ar mais alta do Brasil, Goiás chega a ter a umidade mais baixa que o deserto do Saara em alguns períodos do ano.[16] No Rio, chove o ano todo; em Goiás não cai uma gota do céu durante seis meses. O Rio tem as estações muito bem definidas, Goiás só tem duas, com chuva ou sem chuva, porque é quente o ano todo.

Mas Goiânia foi muito receptiva comigo e, como prometido, em pouco tempo eu já estava mesmo com outras ocupações. O primeiro caminho natural foi assumir uma campanha política em 2018, a candidatura do governador da época ao Senado Federal.

Quando minha família finalmente se juntou a mim, nós nos enturmamos com os vizinhos e com a comunidade religiosa. E se tem algo maravilhoso que Goiás nos trouxe foi a maior proximidade com Deus. Começamos a congregar no Santuário Basílica da Sagrada Família, onde o pároco era o querido Padre Rodrigo, e conhecemos grupos de pessoas realmente incríveis por ali. Um desses grupos foi o Guardiões do Amor Maior, sob a liderança do querido amigo Fernando Bacelar.

A proximidade com eles também me trouxe outros trabalhos. Eu e Stanley, um amigo que conheci na emissora de televisão, começamos a fazer vídeos publicitários empresariais e, como o grupo dos Guardiões é formado por diversos empresários locais, conseguimos fazer bons negócios com eles.

---

16 RODRIGUES, G. Com menor umidade do Brasil, Goiânia registra índices de deserto do Saara. **Metrópolis**, 14 set. 2021. Disponível em: https://www.metropoles.com/brasil/com-menor-umidade-do-brasil-goiania-registra-indices-de-deserto-do-saara. Acesso em: 26 ago. 2023.

Minha esposa Michele também encontrou novos caminhos: terminou a faculdade de Pedagogia e começou a trabalhar como coordenadora em uma escola incrível, onde nossos filhos também foram estudar. Em paralelo, eu me aprofundava em estudos especialmente sobre o mercado digital, que crescia a cada dia, e parecia estar prestes a dar um *boom*.

Claro que nem tudo foram flores, e que Deus ainda preparou uma última provação para ver o quanto eu estava preparado para acreditar e buscar o que Ele já tinha me reservado. Eu e Stanley formamos uma parceria e estávamos tocando nossos projetos, entre eles: uma pré-campanha que culminaria na eleição municipal de 2020 e uma empresa que montamos com uma terceira pessoa e que, até aquele momento, nos parecia um grande negócio.

No fim de 2019, quando tudo parecia caminhar muito bem, uma avalanche desabou sobre a minha cabeça. Começou com uma crise pesada no meu casamento. Michele chegou a pegar as crianças e voltar para nossa cidade natal. Quando consegui resolver com minha esposa essa questão, Stanley e eu descobrimos um golpe que levamos na empresa, exatamente daquela terceira pessoa, em quem tanto confiávamos. Para finalizar, fomos enganados pelo pré-candidato para quem estávamos preparando a campanha havia mais de um ano e saímos do projeto com uma mão na frente e outra atrás.

Imaginem dois anos de construção em um novo estado, e tudo se desmancha em três meses de infelizes desencontros. A essa altura, porém, eu já tinha certeza de quem eu era, e, mesmo muito triste, confiei na providência divina: algo muito grande parecia estar bem perto de acontecer.

CONECTE-SE

O que mais aprendi durante toda minha jornada, desde o fatídico dia do pão com mortadela, é que as conexões certas podem me levar a patamares e ambientes que talvez eu não atingisse sozinho. Assim, tornei-me um grande especialista em *networking* intencional e consigo gerar conexões de maneira simples, fácil e que faça a diferença na minha vida e na da pessoa que está criando laços comigo.

ENCONTROS E DESENCONTROS

Networking não é só uma lista de telefones gravada na memória do celular; o nome disso é agenda. *Networking* tem regras não escritas em nenhum lugar até aqui, e que, se aplicadas, não vão só gerar conexão, mas criar amizades.

Para isso, primeiro é preciso entender o cerne do comportamento humano: nós somos seres sociáveis e, por mais que gostemos ou não de estar junto das pessoas, se gerarmos os gatilhos certos, se prestarmos atenção nos detalhes que o outro nos mostra, conseguiremos atingir os pontos que ele espera de nós, e isso torna tudo mais fácil.

Não estou aqui para florear. Quero que você entenda de verdade como se conectar a qualquer pessoa em quem tenha interesse.

O primeiro ponto primordial é saber que não existe ninguém nesse mundo que seja inacessível a você. O que pode acontecer é que você ainda não tenha as ferramentas certas para se conectar com essa pessoa, mas tudo bem, porque existe uma teia de conexões invisíveis que conecta todas as pessoas do mundo, desde que primeiro você entenda o conceito de laços fortes e laços fracos.

As pessoas com quem você tem conexão, que de alguma forma já acessou e conseguiria fazer novamente a qualquer momento, são os seus **laços fortes**. Essas pessoas, consequentemente, têm ao redor de si os próprios laços fortes, ou seja, pessoas com quem têm conexão. Os laços fortes da pessoa que é seu laço forte são os seus chamados **laços fracos**, porque através de uma conexão entre você e a pessoa mais próxima ainda seria possível acessá-las. É o famoso amigo do amigo: o amigo é seu laço forte; o amigo do amigo, seu laço fraco.

A partir disso, agora vamos nos apoiar nos estudos do psicólogo americano Stanley Milgram, da década de 1960, segundo os quais o mundo todo está conectado através de, no máximo, seis graus de separação.[17] Ou seja, você está a no máximo seis apertos de mão de qualquer pessoa no mundo. Para comprovar essa teoria, Milgram espalhou cartas pelo globo com a orientação de que deveriam chegar a um destinatário específico. Se quem recebeu a carta conhecesse pessoalmente o destinatário, poderia enviar direto; caso não conhecesse, deveria enviar para outra pessoa que tivesse mais possibilidade de ter acesso ao destinatário. Percebam que Milgram incitava o uso da teia invisível de laços fortes e laços fracos.

---

17 MILGRAM, S. The small world problem. **Psychology Today**, v. 2, n. 1, p. 60-67, maio 1967.

Você entende que está a no máximo seis conexões de qualquer alvo que queira? Ainda não acredita? Façamos um teste: pense agora mesmo em uma pessoa que pareça muito distante e que você gostaria de acessar.

Vou utilizar aqui um exemplo que sempre aparece quando faço essa dinâmica em minhas palestras: Barack Obama, o ex-presidente americano que se tornou um dos maiores líderes mundiais da atualidade. Como eu não conheço os seus contatos, vou me colocar dentro de sua teia, ok? Então, de um lado está você e do outro lado da teia está Barack Obama. Vamos ver com quantos apertos de mão você chega até lá?

Bom, o primeiro contato seria entre você e eu, se nos encontrarmos, ou se já nos encontramos algum dia, eu posso ter passado o meu telefone, posso ter me tornado acessível a você, então você está a um grau de Alysson.

De minha parte, pensando no alvo final, a conexão que tenho que pode estar um passo mais perto de Obama é o investidor e *player* digital Thiago Nigro. Participei durante dois anos de um *mastermind* comandado pela empresa de Nigro e tenho acesso fácil a ele. Dois graus.

A pessoa que eu acredito que pode fazer o Nigro chegar mais perto de Obama é o investidor americano Jordan Belfort, que já palestrou em eventos organizados pelo Primo Rico no Brasil. Existem vários registros desses eventos, além de relatos de momentos de convívio social entre eles. Três graus.

Eu acredito que o próprio Jordan pode ter acesso ao Obama, mas, como não encontrei nenhum registro factível, vou continuar o processo com dados facilmente vistos na internet. Jordan Belfort está a um aperto de mãos de Leonardo DiCaprio, que interpretou o próprio Belfort no cinema, e, segundo o investidor já relatou várias vezes, foi ele próprio quem escolheu DiCaprio para o papel. Quatro graus.

DiCaprio está a um grau da apresentadora Oprah Winfrey, porque já esteve no programa dela diversas vezes. Cinco graus.

E Oprah, como a maior jornalista deste mundo, já fez diversas séries e se declara amiga pessoal do ex-presidente Barack Obama. Seis graus.

Resumindo, você está a apenas seis apertos de mão de um dos maiores líderes mundiais da humanidade. Consegue entender isso?

É como eu disse, você pode até não possuir as ferramentas certas para chegar ao alvo final, mas pode facilmente criar o caminho e, a

ENCONTROS E DESENCONTROS

partir daí, buscar as ferramentas que o associem às pessoas que realmente interessam. Qual seria o primeiro passo? Simples, ter uma lista atualizada dos seus alvos. Quais pessoas seriam conexões importantes para você? A quais pessoas você gostaria de ter acesso? Eu chamo essa de "lista dos mais procurados", e renovo a minha todos os anos, pois atinjo alguns e preciso rever os nomes.

Com a lista em mãos, construa a teia de como você chegará a cada uma dessas pessoas, começando pelos seus laços fortes. Esse é o caminho! O resto é *networking*. Por isso, chegou o momento de entender as regras invisíveis do *networking*.

COMO GERAR CONEXÕES VERDADEIRAS

Regra número 1: Nunca se posicione como fã!

Se você usa a frase: "Eu sou seu fã!" com alguém importante para você, a conexão é feita, porém você é colocado imediatamente na caixinha cerebral do fã, e sair dali é realmente difícil. Eu já cometi esse erro no início e confesso que, na mente de algumas pessoas, eu ainda sou o fã, por mais que tenhamos nos aproximado e eu tenha me mostrado igual. A chave da caixinha fica na mão do dono, e ele precisa querer abri-la para tirar você de lá.

Quer utilizar uma boa conexão sem entrar na caixinha do fã? Elogie o trabalho, diga que se conecta com o que o outro faz, com a transformação que ele gera, com a missão de vida dele. Quando você elogia o trabalho de alguém relevante, é como se estivesse elogiando o filho, e ele vai entender que você não é um simples fã, você entende o quanto a missão dele no mundo é importante, e isso é respeitável.

Regra número 2: Não seja chato!

Não invada o espaço do outro, não seja insistente, nem queira contar sua história no primeiro contato. Ele nem o conhece, não vai querer ouvir os seus relatos. Tudo isso faz que você se desconecte.

Regra número 3: Fale sobre assuntos interessantes para o outro.

Encontre algo que gere sinergia entre vocês e conecte-se por esse viés. Se vocês praticam o mesmo esporte, se frequentam os mesmos lugares, se têm amigos em comum – mas atenção, é preciso ter certeza de que são **amigos**, e não pessoas que o outro possa ter visto apenas uma vez e nem se lembre, o que faria a conversa se tornar chata. O João, sabe? Esposo da Maria, que mora em tal cidade, que te viu em tal lugar...

Regra número 4: Não faça pedidos!

Nunca, em hipótese alguma, faça algum pedido no primeiro contato. Quem chega perto de você no primeiro dia e já tenta levar algo é ladrão.

Regra número 5: Doe primeiro.

Seja seu carinho, seu afeto, uma boa informação, parte do seu trabalho, um presente, doe! Mostre que você está disponível para ajudar em uma necessidade que você sabe que a pessoa tem. Doe de maneira intencional e sem esperar nada em troca. Isso vai gerar uma conexão absurda. E, quando se trata de presentes, nada de lembrancinhas como canecas, camisas com sua marca etc. O presente é para o outro, então agrade a ele, não ao seu ego.

Regra número 6: Seja agradável!

Nenhuma pessoa bem-sucedida se relaciona com alguém que fala mal do outro, que só fala besteira, que não sorri. Seja agradável, engraçado, feliz, sem exagero, nem tietagem.

ENCONTROS E DESENCONTROS

Regra número 7: Fuja de assuntos desagradáveis.

Pessoas públicas, em alguns momentos, podem se envolver em polêmicas. Se você se aproximou, não seja a pessoa chata que só quer falar sobre as fofocas ou polêmicas. Se o assunto é desagradável, a semântica da palavra já mostra que ele não agrada, então não toque nele.

Regra número 8: Saiba falar, ouvir e manter o equilíbrio da conversa.

Não seja o chato que interrompe, que quer fazer monólogos, que está ali para se mostrar. Gere a conexão e deixe o restante acontecer naturalmente.

Regra número 9: Conecte uma pessoa a outra.

Um bom *networker* sabe ligar pontos e gerar vantagens invisíveis para todos. Construa pontes entre seus amigos, isso torna você uma das pessoas mais agradáveis da mesa, todos vão querer se aproximar e aprender com você. Não esconda seus contatos acreditando que os está preservando para uso próprio, porque, se outra pessoa faz a conexão que você poderia ter feito, quem ganha o ponto é ela.

Regra número 10: Sempre perca no seu banco de valores.

Como assim? Não fique buscando equilíbrio. Você doou algo para seu contato e agora espera que ele doe algo para que você possar doar novamente? **Sempre perca**, faça tudo que puder para doar e gerar vantagens para o seu contato. Se você perde no banco de valores, é o outro que sempre está em dívida contigo.

ATITUDENOW: A DIREÇÃO DO SUCESSO

Regra número 11: Nada é sobre você.

Não pense que o outro fez ou não fez algo para desagradar ou agradar você. As pessoas têm a própria vida e levam bastante tempo cuidando dela. Se o seu contato fez ou não fez algo, foi por ele, e não para ferir você.

Regra número 12: A obrigação de dar o primeiro passo é sempre sua.

Se é você que está buscando a conexão, o contato, o aperto de mão, vá atrás, não fique esperando o seu telefone tocar, disque você mesmo.

E a regra de ouro: Não crie *networking*, crie amizades.

Se você se conectar a alguém esperando fazer um negócio, um trabalho, algo que já intencionou em sua mente, e der errado, no fim vai sobrar mágoa. Mas, se você fizer amizade, mesmo que projetem um negócio que no fim dê errado, ainda vai sobrar um amigo, e aí já terá valido a pena.

Se você fizer amizade, mesmo que projetem um negócio que no fim dê errado, ainda vai sobrar um amigo, e aí já terá valido a pena.

O encontro com o mentor

CAPÍTULO 12

Tudo estava ruindo sob os meus pés. Projetos nos quais eu tinha dedicado no mínimo dois anos simplesmente foram destruídos; meu casamento estava balançando; pessoas em quem eu acreditava piamente se mostraram extremamente maldosas, eu diria até maquiavélicas. Mais uma vez, aquele Alysson do "Por que comigo?" ameaçava voltar. Eu estava lotado de problemas para resolver e não sabia se tinha as ferramentas, as conexões e os caminhos certos para resolver tudo.

O emprego na televisão parecia estável. Nos dois anos anteriores, nós havíamos nos tornado a equipe número 1 do Brasil. O programa tinha sete bases estaduais, e a cada fim de ano eram metrificadas as matérias mais acessadas via *streaming*. Quando assumi o escritório, Goiás nem era citado. No segundo ano, emplacamos três matérias no Top 10. No terceiro, nós estávamos nas quatro primeiras posições e tínhamos seis das dez mais assistidas do ano. Tínhamos a confiança da direção em São Paulo, o trabalho era feito com maestria, consegui formar uma equipe rápida e competente e voltei a estar feliz com o jornalismo.

Mas eu tinha certeza de que podia fazer muito mais, que estava me limitando, deixando de impactar muitas pessoas, enterrando meus talentos. Eu estava feliz, mas eu podia mais.

Desde 2017, meu olhar estava voltado para o mercado digital, eu consumia cursos, mentorias, frequentava eventos sobre o tema, consumia livros de autores renomados do Brasil e do exterior, e tudo isso me apresentava um mundo muito diferente daquele em que eu vivia.

Além disso, desde o efeito "tia Aparecida", eu consumia livros constantemente, até 2017 em sua maioria ficcionais, mas de lá em diante comecei a me interessar por autoajuda, negócios e desenvolvimento pessoal. Autores renomados do Brasil e do exterior me apresentavam um mundo muito diferente do que o que eu estava acostumado, e que me interessou bastante

Em 2019, fui convidado por um amigo a participar de uma rodada de palestras em uma comunidade católica, o Action 2019, organizado pela Pastoral do Empreendedor, sob a liderança do querido Padre Marcos. Entre os palestrantes, grandes nomes nacionais: Davi Braga, Rick Chesther, Pablo Marçal – esse último, sobretudo, eu queria assistir pessoalmente pois já havia lido seu livro e me interessado pelo conteúdo.

Comprei os ingressos e, chegado o dia, fomos até o evento. Lá, o cartaz estava diferente: Marçal havia sido substituído por uma outra pessoa, que eu não conhecia. Meu amigo disse que ele se chamava Joel Moraes e que tinha a mesma pegada do Marçal, acreditava que eu iria gostar.

O primeiro dia foi intenso, 2,5 mil pessoas presentes dentro de uma igreja que havia sido transformada em uma enorme sala de aula. Alguns palestrantes locais me chamaram muita atenção, outros me perderam nas primeiras palavras. O fenômeno Rick Chesther abriu o evento e jogou a régua lá no alto, o jovem Davi Braga me fez ver que perdi um tempo enorme aceitando ser moldado em um ambiente de escassez. Saí dali com grandes aprendizados e muitas coisas para colocar em prática. E ainda faltava o segundo dia.

Começamos o dia com um padre, Frei Rogério Soares, fundador da Pastoral do Empreendedor. Uma mentalidade incrível, um olhar à frente do próprio tempo, mostrando que é possível empreender e seguir a palavra de Deus ao mesmo tempo. Depois, mais algumas palestras locais e, para fechar o evento, o cara que eu não conhecia, Joel Moraes.

Ele subiu no palco, começou a palestra, e 2.499 pessoas do público simplesmente desapareceram. Porque ele parecia falar só comigo: tudo o que ele dizia se encaixava com o momento que eu estava vivendo, com as dores que enfrentava, e sua fala era provocativa, muito conectada com a maneira como eu mesmo falo – mas dessa vez eu estava ouvindo.

Ele tinha acabado de lançar um livro e eu até tinha visto o exemplar na livraria, *100% presente*.[18] Quando acabou a palestra, minha veia jornalística pulsou, eu precisava ver se esse cara era de verdade mesmo.

---

18 JOTA, J. *op. cit.*

O ENCONTRO COM O MENTOR

Durante toda a carreira de jornalismo, somos treinados a fazer a leitura de pessoas, especialmente porque pegamos muitas reportagens nas quais elas podem estar mentindo.

Fui até a livraria do evento, comprei o livro e voltei para encontrar o autor, que faria a sessão de autógrafos. Ali eu percebi que os outros 2.499 não haviam desaparecido, a maior parte tinha tido a mesma ideia que eu, e uma fila enorme se formou.

Fiquei na fila uma hora e meia e, quando chegou a minha vez, ele se levantou, olhou nos meus olhos, conversou, topou fazer um vídeo comigo e, mesmo com a fila gigante, ele não parecia com pressa de me despachar. Por fim me disse que começaria uma série de *lives* no dia seguinte, às 5 horas da manhã, e dali lançaria seu primeiro produto on-line, e me convidou para assistir. Acordar às 5 horas da manhã não era uma rotina agradável para mim, mas eu quis dar uma chance para aquela mensagem.

Eu não usava rede social, minha esposa e eu tínhamos uma conta do casal no Instagram, que estava lá pegando poeira, então foi com ela que eu entrei na *live* no dia seguinte. E, mais uma vez, o recado parecia ser só para mim, tudo se encaixava, e a proposta era de um desafio: ele propôs algumas missões que teríamos de executar durante a semana e analisar se causavam alguma mudança significativa. Para mim, fazia muito sentido.

Foram cinco dias nessa pegada, e no penúltimo ele apresentou uma mentoria on-line: O Plano Perfeito. O nome era muito bom, a proposta também, já o valor era salgado, especialmente porque eu havia acabado de investir em outra para a escrita de um livro. Fiz a pré-inscrição, mas tinha decidido não entrar, apenas acompanharia as redes sociais.

A partir daquele momento, todos os dias, recebia mensagens sobre o processo, mas continuava convencido a não entrar. Até que, no sétimo dia, o dia que fecharia o processo de vendas, eu recebi uma mensagem assim: "Faltam apenas quatro horas para você tomar a decisão, criar o seu plano perfeito e mudar de vida. Clique no link abaixo e não perca a oportunidade".

Eu já havia feito um curso sobre lançamentos, estudado gatilhos mentais, mas esse da urgência me pegou, até cheguei a responder dizendo que essa tinha sido cruel. Fui até o quarto, falei com minha esposa, dividimos em suaves doze parcelas e entrei na mentoria.

95

A promessa era de várias aulas gravadas e quatro encontros on-line durante a semana. Confesso que só olhei a introdução do curso gravado, meu foco eram os encontros on-line, e o objetivo um só: me conectar com o mentor.

Chegou o primeiro encontro e ele anunciou um grupo do Telegram para interação, mas que só ficaria aberto por algumas horas no dia. Dei a ideia no *chat* de criarmos um grupo de WhatsApp para interação dos alunos. A turma aceitou e, no mesmo dia, cerca de quarenta pessoas entraram no grupo inicialmente denominado MOL JJ [Mentoria on-line Joel Jota] e, depois, Efeito Joel Jota.

Eu já tinha um passo 45 traçado para esses quatro encontros: ser percebido por ele como um líder. Comecei a provocar discussões dentro do grupo, organizar dinâmicas, desafios, e propus gravarmos pequenos vídeos falando sobre o que o "Efeito Joel Jota" causava em cada um. Editei tudo e pedi a ele três minutos ao fim do encontro daquele dia.

Apresentei o vídeo, ele assistiu em silêncio e chorou. Emoção é o ponto de conexão com o gigante. Ele agradeceu, se mostrou feliz, e eu terminei a aula com o sentimento de ter dado mais um passo para o objetivo, mas eu ainda precisava fazer novos depósitos no banco de valores.

Durante a semana, criamos um Instagram do "Efeito" e, dessa vez, incitei a turma a fazer vídeos um pouco maiores e me enviar. Foi uma semana corrida, porque, depois do vídeo que apresentamos, o grupo de quarenta cresceu para mais de 150. Na mentoria, éramos mais de quatrocentas pessoas, mas uma média de duzentas assistia às aulas ao vivo. Preparamos tudo, e eu segui o mesmo *modus operandi*, no primeiro minuto da aula, perguntei se ao fim ele me concederia três minutos, e ele disse: "Lá vem o Alysson de novo". Ele já havia guardado meu nome.

Apresentamos o Instagram, que estava realmente lindo, com frases que ele sempre repetia, alguns ensinamentos da mentoria e vídeos de trinta dos nossos falando o quanto a mentoria estava fazendo a diferença para nossa jornada. Ele assistiu a alguns ao vivo, inclusive o meu, que fiz com minha esposa e filhos, chorou, comentou o quanto a presença das famílias era importante para ele, e terminou demonstrando um enorme sentimento de gratidão. Um passo a mais em direção ao 45.

Semana seguinte, último encontro, não preparamos nada de surpresa, mas ele já me conhecia, me cumprimentava pelo nome.

O ENCONTRO COM O MENTOR

Naquele dia, ele propôs fazer um *hot seat*, uma intervenção um a um, com alguém ali do grupo. Nós precisávamos colocar no *chat* por que ele deveria nos escolher. Escrevi, mas já tinha certeza de que seria comigo. E foi!

Uma hora inteira com ele avaliando meu posicionamento, meus anseios, e dando dicas do que fazer para obter os melhores resultados. Naquele momento, eu só falava de comunicação, porque era um caminho natural para mim, e ele me deu dicas preciosas. Foi transformador.

Para mim, o objetivo já estava superperto: ele sabia quem eu era, conhecia meus projetos e me ajudou a direcionar algumas ações.

É PRECISO FÉ

Uma pessoa que ativa o modo ATITUDENOW da própria vida é uma pessoa que, acima de tudo, tem **fé**. Fé no impossível, fé no próprio talento e fé na força superior regente do universo, que trabalha para que sejamos intensamente prósperos e felizes. A fé é uma força poderosa que tem sido reverenciada e estudada ao longo dos anos, tanto em contextos religiosos quanto científicos. Acreditar e ter fé, mesmo sem saber o que o futuro reserva, pode trazer resultados surpreendentes e ajudar a concretizar nossos objetivos.

No manual da vida, a Bíblia, existem inúmeros versículos que destacam a importância da fé. "Ora, a fé é a certeza daquilo que esperamos e a prova das coisas que não vemos" (Hebreus 11:1). Essa passagem ressalta que a fé vai além da simples crença, envolve uma convicção profunda e uma confiança inabalável na realização do que é esperado.

Estudos científicos também têm investigado a influência da fé e da espiritualidade na saúde e no bem-estar das pessoas. Pesquisas têm demonstrado que indivíduos religiosos ou espiritualizados tendem a ter uma melhor saúde mental e física, maior resiliência diante de adversidades e uma maior sensação de propósito na vida.[19]

---

19 KOENIG, H. G. **Handbook of religion and mental health**. 2. ed. Nova York: Guilford, 2009.
MCCULLOUGH, M. E.; WILLOUGHBY, B. L. B. Religion, social support, and health. **Current Directions in Psychological Science**, v. 18, n. 1, p. 14-18, 2009.
IRONSON, G.; STUETZLE, R.; BLANCHARD, E. B. Religious involvement and post-traumatic stress disorder: a review of the literature. **Journal of Traumatic Stress**, v. 19, n. 3, p. 333-349, 2006.

Uma pessoa que ativa o modo ATITUDENOW da própria vida é uma pessoa que, acima de tudo, tem fé.

O ENCONTRO COM O MENTOR

Um aspecto interessante a ser explorado é a relação entre a fé e a física quântica, ramo da ciência que estuda o comportamento das partículas subatômicas. Por exemplo, a teoria da superposição quântica sugere que uma partícula pode existir em diferentes estados simultaneamente até ser observada. Isso pode ser comparado à crença de que, quando acreditamos e colocamos intencionalidade em nossos desejos e metas, múltiplas possibilidades podem se manifestar até que sejamos capazes de percebê-las.[20]

Outro princípio quântico relevante é a interferência quântica, que sugere que a energia e as partículas podem se influenciar mutuamente, mesmo a distâncias consideráveis.[21] Essa ideia está associada à noção de que nossas intenções e pensamentos positivos podem afetar o ambiente ao nosso redor, atraindo circunstâncias favoráveis e criando uma energia positiva que nos auxilia na realização dos nossos objetivos.

Além das reflexões teóricas, é possível encontrar exemplos reais de pessoas que experimentaram o poder da fé em suas vidas. Testemunhos de superação, cura e conquistas notáveis têm sido relatados ao redor do mundo.[22] Essas histórias inspiradoras mostram como a fé pode impulsionar pessoas a enfrentar desafios, encontrar soluções criativas e alcançar resultados que pareciam impossíveis.

Como você pode ver, a fé não é apenas uma atitude passiva de esperar que tudo aconteça sem esforço; requer ação e comprometimento para que nossos sonhos e metas sejam alcançados. Acreditar em algo maior do que nós mesmos, tendo uma atitude de confiança e gratidão, pode abrir caminhos e oportunidades que nos aproximam dos nossos objetivos. "A fé sem obras é morta" (Tiago 2:17). Ela precisa ser acompanhada por ações concretas, pois é por meio das nossas atitudes que as coisas realmente acontecem.

---

20 GREENE, B. **O universo quântico**. Rio de Janeiro: Zahar, 2005.

21 YOUNG, T. The Bakerian Lecture: experiments and calculations relative to physical optics. **Philosophical Transactions of the Royal Society of London**, v. 94, n. 844, p. 1-16, 1804. Disponível em: https://www.jstor.org/stable/107135. Acesso em: 27 ago. 2023.
CURREY, F. On the fructification of certain sphaeriaceous fungi. **Philosophical Transactions of the Royal Society of London**, v. 147, n. 1857, p. 543-553, 1857. Disponível em: https://www.jstor.org/stable/108632. Acesso em: 27 ago. 2023.

22 TESTEMUNHOS de fé – leia histórias de pessoas que alcançaram milagres. **WeMystic Brasil**. Disponível em: https://www.wemystic.com.br/testemunhos-de-fe-leia-historias-de-pessoas-que-alcancaram-milagres/. Acesso em: 27 ago. 2023.

Não adianta você ter fé em seus projetos ou sonhos e não tomar nenhuma iniciativa para realizá-los. Você pode até ter uma crença forte, mas, se não agir, o projeto ficará apenas no campo das ideias. E repito: a maior incubadora de ideias do mundo se chama cemitério.

Quando temos fé, sentimos uma confiança interior que nos motiva a dar o primeiro passo. É como se acreditássemos que tudo é possível e que Deus ou o universo está ao nosso lado, nos apoiando em nossa jornada. A fé e a ação andam de mãos dadas. E essa ação requer esforço e consistência. Nem sempre as coisas acontecem instantaneamente, mas, quando persistimos e agimos com determinação, estamos construindo o caminho para alcançar nossos objetivos.

Ter fé e agir envolve assumir riscos, superar obstáculos e enfrentar medos. É um convite para sair da zona de conforto e buscar o que realmente desejamos. Ao agir com fé, abrimos portas para oportunidades, atraímos recursos e encontramos soluções que talvez não fossem possíveis se apenas esperássemos, passivamente.

Além disso, nossas ações também inspiram e influenciam aqueles ao nosso redor. Quando demonstramos uma fé ativa, estamos mostrando às outras pessoas que é possível realizar sonhos, superar desafios e ter uma vida significativa. As ações de uma pessoa ATITUDENOW servem como um exemplo e motivam outras a seguirem seus próprios caminhos de fé e ação.

É importante frisar, eu tenho um viés de crença espiritual, mas pode ser que você não tenha, e tudo bem. O que não dá para negar é que a positividade – que eu chamo de fé e você pode chamar de poder da mente – gera inclusive curas físicas. Pesquisas demonstram que nossos pensamentos, emoções e crenças podem influenciar diretamente nossa saúde e bem-estar.[23] A psiconeuroimunologia, campo de estudos que investiga as interações entre o sistema nervoso, o sistema imunológico e o estado emocional, mostra que emoções positivas, otimismo e uma atitude de esperança estão associados a um sistema imunológico mais robusto e a uma recuperação mais rápida de doenças.

Estudos também têm mostrado que a prática de técnicas de relaxamento, meditação e visualização pode ter efeitos benéficos na saúde

---

[23] DAVIDSON, R. J. *et al*. Mindfulness-based stress reduction and health benefits: a review of the literature. **Psychosomatic Medicine**, v. 65, n. 4, p. 564-570, jul.-ago. 2003. Disponível em: https://pubmed.ncbi.nlm.nih.gov/12883106/. Acesso em: 27 ago. 2023.

Não adianta você ter fé em seus projetos ou sonhos e não tomar nenhuma iniciativa para realizá-los. Você pode até ter uma crença forte, mas, se não agir, o projeto ficará apenas no campo das ideias.

física e mental. Por exemplo, a meditação *mindfulness* tem sido associada a uma redução do estresse, da ansiedade e da pressão arterial, além de melhorias na qualidade do sono e na função imunológica.[24]

Há, ainda, casos documentados de pessoas que experimentaram curas inexplicáveis e espontâneas, muitas vezes chamadas de "remissão inexplicada". Embora sejam raros e pouco compreendidos, esses casos sugerem a possibilidade de que a mente e a crença desempenhem um papel significativo na autocura.[25, 26]

Acreditar na possibilidade de autocura e nutrir uma mentalidade positiva pode complementar os tratamentos convencionais, promovendo uma abordagem holística para a saúde. A conexão mente-corpo é uma área de pesquisa em crescimento, e cada vez mais estudos estão explorando como nossos pensamentos e emoções podem impactar diretamente nossa saúde e bem-estar. Eu, Alysson, chamo tudo isso de fé. Tenha fé! No mínimo, você dividirá um pouco das responsabilidades com alguém ou algo maior do que um simples e frágil ser humano como você e eu.

> **O PROCESSO DE RESSIGNIFICAÇÃO DEPENDE DE ADOTAR NOVAS ATITUDES MAIS POSITIVAS E FUNCIONAIS.**
>
> VANESSA THALE
> @vanessa.thale

---

[24] KABAT-ZINN, J. **O despertar da compaixão**: um guia para o cultivo da compaixão e da atenção plena. Rio de Janeiro: Sextante, 2011.

[25] FERNANDES, A. M.; MACHADO, A. M. Remissão espontânea de doenças: uma abordagem integrativa. **Revista Brasileira de Medicina**, v. 79, n. 1, p. 20-27, 2012.

[26] GOMES, F. B.; FERNANDES, A. M. Remissão espontânea de doenças: uma visão holística. **Revista Brasileira de Medicina**, v. 80, n. 2, p. 104-110, 2013.

Acreditar na possibilidade de autocura e nutrir uma mentalidade positiva pode complementar os tratamentos convencionais, promovendo uma abordagem holística para a saúde.

Eu cuido do céu e você cuida mim

CAPÍTULO 13

Naquele momento eu tinha um novo planejamento, um novo foco. Aos poucos me aproximava do meu novo passo 45, mas as dores dos últimos tombos ainda estavam latentes e me faziam tremer de medo.

Eu já tinha mais de 40 anos, não podia me dar ao luxo de errar nas conexões, derrapar nos projetos ou dar passos na direção errada, precisava ser cirúrgico. Sentia-me sozinho, tinha o apoio desconfiado da minha esposa, mas não tinha mais sócios, era eu por mim mesmo.

Nesse período, eu estava ainda mais próximo dos amigos do Guardiões do Amor Maior, e aceitei o convite do Edigar Diniz para integrar a Pastoral do Empreendedor e fazer consultorias sobre comunicação e *marketing* para os empresários da comunidade.

Na primeira reunião, em um momento de unção, Fernando, um dos preletores, fez um chamado: "O ano está começando, e todo empresário começa uma nova jornada fazendo planejamentos e tomando decisões. Quanto de Deus você tem incluído nesse planejamento? Pare de tomar decisões sozinho, os planos de Deus para você são muito maiores. Então, levante-se daí onde você está, traga todos os seus planos e coloque aqui aos pés da cruz. Deixe que Deus cuide deles para você. Não tenha vergonha, faça o movimento, levante-se agora e deixe tudo aqui neste altar".

Eu era uma dessas pessoas que tinha feito todo um planejamento sozinho nos outros anos e vi tudo desmoronar, mas também estava com vergonha de me levantar. Para começar, eu tenho 1,93 metro, não dá para disfarçar, todos veriam o meu movimento, e na minha mente naquele momento só vinha o seguinte gatilho: *Se você se levantar, todo mundo vai saber que você está mal, porque só se* procura Deus na dificuldade. Quando você está bem, só agradece a ele e segue.

Mas eu estava mesmo com medo, e tinha um novo plano. E se agora eu fizesse diferente? Então me levantei, dei uns quinze passos, que pareceram vinte quilômetros, me ajoelhei e desabei a chorar.

Eu questionava Deus: *O que você quer de mim? Eu estou fazendo tudo certinho, não faço mal a ninguém, sou presente na fé, ajo conforme as leis de Deus e dos homens e mesmo assim dá tudo errado. Eu fui roubado, enganado, meu casamento está acabando, já não tenho grandes projetos,* **o que o Senhor quer de mim**?

E no meu coração, veio como uma brisa, um único sentimento: **apenas confie**.

Eu enxuguei as lágrimas e fiz um propósito. *De hoje em diante, vou colocar o Senhor à frente de tudo, vou cuidar do Senhor, para que cuide de mim, e se meus caminhos agora estão apontando para a internet, vou começar por lá, todos os dias, daqui pra frente. O primeiro post é Seu.* Por fim me levantei e voltei para o meu lugar.

Desde então, assim que acordo, eu leio a Palavra e faço um *story* com a "Palavra do dia" há quase quatro anos ininterruptos.

ATITUDE MENTAL POSITIVA: DESDE OS PRIMÓRDIOS ATÉ HOJE

Ativar o modo ATITUDENOW requer uma imensa atitude mental positiva, ou seja, uma mentalidade otimista e construtiva diante das circunstâncias da vida. Pesquisas científicas têm mostrado que a adoção dessa técnica pode ter diversos benefícios.

Um estudo realizado por Lyubomirsky, King e Diener demonstrou que pessoas com uma atitude mental positiva têm maior probabilidade de experimentar emoções positivas, ter melhores relacionamentos, ser mais saudáveis, enfrentar desafios com mais resiliência e ter maior satisfação com a vida.[27] Esses resultados indicam que uma atitude mental positiva está intimamente relacionada com uma melhor qualidade de vida e desempenho geral.

---

[27] LYUBOMIRSKY, S.; KING, L.; DIENER, E. The benefits of frequent positive affect: does happiness lead to success? **Psychological Bulletin**, v. 131, n. 6, p. 803-855, 2005. Disponível em: https://psycnet.apa.org/record/2005-15687-001. Acesso em: 27 ago. 2023.

EU CUIDO DO CÉU E VOCÊ CUIDA MIM

Ativar o modo ATITUDENOW significa adotar essa postura de atitude mental positiva diante das circunstâncias da vida. Dessa forma, podemos superar adversidades com resiliência, buscar soluções construtivas para os problemas, manter relacionamentos saudáveis e nutrir uma perspectiva otimista sobre o futuro. Isso não significa negar desafios ou ignorar emoções negativas, mas escolher uma abordagem mental que nos capacite a lidar com as situações de maneira mais construtiva.

Se voltarmos a tempos mais remotos da humanidade, a base dos estudos estoicos já falava sobre isso. Filósofos como Sêneca, Epiteto e Marco Aurélio enfatizaram a importância de cultivar uma atitude mental positiva para lidar com os desafios da vida. Eles argumentaram que nossas reações emocionais e mentais perante eventos são mais importantes do que os eventos em si.[28] Ao adotar uma perspectiva estoica, podemos treinar nossa mente para aceitar e enfrentar as situações com calma, sabedoria e equanimidade. O escritor norte-americano Zig Ziglar simplificou esse pensamento com a seguinte frase: "A vida é 10% do que acontece com você e 90% de como você reage a isso".[29]

Os estoicos ainda falam sobre a cláusula mental inversa nos estudos chamados de reversão de perspectiva, ou reversão de intenções, técnica que envolve mudar nossa perspectiva e considerar diferentes pontos de vista diante de situações desafiadoras. Sêneca, Epiteto e Marco Aurélio enfatizavam a importância de adotar uma visão mais ampla e imparcial ao enfrentar adversidades.[30]

Ao aplicar a reversão de perspectiva pelo viés estoico, enxergamos os eventos a partir de uma perspectiva mais objetiva, livre de emoções negativas e preconceitos. Essa técnica ajuda a desenvolver resiliência emocional ao desafiar nossas suposições e encontrar alternativas construtivas diante de desafios. Por exemplo, diante de um contratempo ou obstáculo, a reversão de perspectiva nos incentiva a considerar como outra pessoa encararia essa situação, o que nos permite ganhar uma visão mais ampla e adotar uma postura mais racional e equilibrada, em vez de nos deixarmos levar por emoções negativas, como raiva ou frustração.

---

28 SÊNECA. **Cartas a Lucílio**. 2ª Edição. Tradução de Mário da Silva Pinto. São Paulo: Martins Fontes, 2013.

29 ZIGLAR, Z. **See you at the top**. Gretna Green: Pelican, 1975.

30 MARCO AURÉLIO. **Meditações**. São Paulo: Edipro, 2019.

ATITUDENOW: A DIREÇÃO DO SUCESSO

Ao reconhecer que temos controle sobre nossas respostas e que os desafios são apenas temporários, podemos adotar uma postura mais calma, sábia e assertiva. A reversão de perspectiva nos permite adotar uma postura mais racional, resiliente e sábia diante das dificuldades da vida, buscando encontrar significado e crescimento mesmo em meio às adversidades.

Ou seja, é extremamente importante manter a atitude mental positiva, mesmo nos piores momentos, quando tudo parece desabar. Esse é mais um dos processos amplamente estudados e que farão você ativar o modo ATITUDENOW.

Ativar o modo ATITUDENOW requer uma imensa atitude mental positiva.

Tinha uma pandemia no meio do caminho

CAPÍTULO 14

Finalmente, tudo parecia se alinhar do céu até a terra. Eu liderava aquele grupo que chegou a ter mais de duzentas pessoas, e meu Instagram também crescia vertiginosamente. O Joel lançou inscrições para uma mentoria presencial e, dentre mais de dois mil inscritos, fui um dos catorze selecionados. Com uma proximidade maior, um novo desafio: me destacar entre essas catorze pessoas altamente qualificadas e, de alguma forma, apresentar resultados tangíveis.

Nas reuniões, eles falavam de números que eu nunca tinha visto na minha vida. Eu olhava para os lados e pensava: *rico, rico, rico, rico, rica, rica, rica, rico, rico, rica, rica, rico, rica e Alysson*. Não seria fácil. Mas eu sou o cara da ATITUDENOW, e nisso ninguém me venceria.

Com o crescimento do grupo do "Efeito", algumas pessoas começaram a me pedir para mentorá-las. E, com indicação do meu próprio mentor, escolhi um grupo pequeno para testar minhas habilidades, minha liderança e, especialmente, para começar a traçar uma metodologia. Catorze pessoas seguiram comigo por cinco meses e formaram a primeira turma da mentoria PLANO DE AÇÃO, com foco em comunicação on e off-line e um pequeno olhar para criação de produtos.

Quando meus resultados começaram a aparecer, planejei a minha saída da televisão, que deveria acontecer em dezembro do mesmo ano. Eu teria doze meses para formar um caixa de emergência e me arriscar no empreendedorismo, retomando uma caminhada que tinha sido interrompida havia quase trinta anos, quando deixei o meu velho engenho para ingressar na oficina.

Mas um detalhe não estava dentro do *script*, um vírus que surgiu em uma pequena província na China e começou a se espalhar pelo mundo, deixando muitas mortes, incertezas, pânico, e um risco iminente de *lockdown* para tentar conter o avanço da pandemia. Não sabíamos como ficaria a situação na empresa, já que o jornalismo é considerado um serviço essencial, mas ninguém estava disposto a nos receber, pois o risco não parava de aumentar – e eu me preocupava com a minha família, afinal, trabalhando na rua, eu poderia levar a doença para casa.

Os estados começaram, um a um, a decretar o bloqueio e, no dia 14 de março de 2020, cinco dias após comemorar os meus 42 anos, o Brasil fechou.

Lembro-me de subir no alto do prédio da emissora em Goiânia e observar as ruas, que viviam ultramovimentadas, completamente vazias. Foi nesse momento, no alto do prédio, que recebi a ligação da amiga repórter, responsável pela base Paraná do programa que fazíamos. Ela e toda a equipe tinham sido demitidos. A base paranaense era uma das mais competentes e, se eles foram desligados, deveríamos acender a luz de alerta.

Na segunda-feira, foi Minas Gerais e Mato Grosso; na terça, a sede em Ribeirão Preto; e o programa, que era feito por sete bases estaduais, agora só tinha nossa equipe. Eu já esperava pelo pior quando recebemos um informe de que nossa equipe seria mantida, mas que o programa *Revista do Campo* havia sido extinto pela emissora. Nós seríamos deslocados para outras produções, sob o comando direto de São Paulo.

Chegamos a produzir uma reportagem para o novo programa, mas nossa base foi desligada e meu ciclo na televisão chegou ao fim.

Quando recebi a notícia, eu sabia que não era por incapacidade. Mesmo assim, medo, apreensão e receio de como seriam os próximos dias tomaram conta de mim. Tentei buscar conforto nas palavras do meu mentor e recebi um tapa na cara: "Vida real, meu irmão! Levanta essa cabeça e coloca o seu projeto pra girar de verdade, porque a sua família precisa de você", era disso que eu precisava!

Contei para a minha esposa, sorrindo, que havia sido demitido, e ela não acreditou. Na mente dela, ninguém mais me contrataria em um período pandêmico, acabaríamos passando necessidades. *E agora? O que fazer? Vamos voltar para a nossa cidade? Ficar por aqui?* Na minha mente, uma única certeza: rescisão, multa, FGTS e seguro-desemprego eram exatamente o caixa de que eu precisava para fazer a transição da melhor forma.

Quer um pouco mais de tensão para fechar este capítulo?

Uma semana depois da saída da televisão, descobrimos que Michele estava grávida.

Duas semanas depois, recebo uma proposta de uma grande emissora, em Rio Verde, interior de Goiás.

Minha resposta? **Não**, obrigado.

DECISÕES IRREVERSÍVEIS

Ativar o modo ATITUDENOW é saber exatamente do que você é capaz. E, quando você tem essa certeza, tudo à sua volta que gera distração ou interrupção você simplesmente tira do caminho, sem nem pensar duas vezes.

Decisões irreversíveis diferenciam quem sabe aonde quer chegar de quem sai "catando papel na ventania". "Tudo me é permitido, mas nem tudo me convém" (I Coríntios, 6:12). É bíblico! Se você já sabe o que quer, se entende exatamente o que o fará feliz, se já descobriu o que é sucesso para você, por que olhar para o lado? Para que se distrair?

Não é simples, não é fácil, mas é possível!

Primeiro entendimento que tive nesse processo é que só o **sim** é absoluto. Se perguntam ou oferecem algo a você e o **sim** vem de imediato à sua mente, pronto, esse é um sim absoluto – e, se ele está alinhado ao seu passo 45, ainda melhor. Se gerou dúvidas, meu conselho é: fuja!

Manter uma decisão irreversível em meio às inúmeras interrupções e distrações que surgem no seu caminho profissional é um desafio constante. É fácil nos perdermos em meio às demandas diárias, às notificações incessantes e às tentações que nos afastam do caminho traçado até o passo 45. Mas, se você ativar o modo ATITUDENOW, criará estratégias para se manter firme e cumprir o compromisso que criou, com foco e determinação para atingir as metas.

Antes de tudo, é fundamental ter clareza sobre a decisão que tomou. Seu passo 45 está alinhado a valores e propósitos estabelecidos como regras inegociáveis para você? Toda decisão deve estar alinhada com o que realmente importa. Isso lhe dará uma base sólida para seguir em frente.

A partir daí, é preciso estabelecer metas claras. Essas metas devem ser específicas e mensuráveis, para que você possa acompanhar

Se perguntam ou oferecem algo a você e o sim vem de imediato à sua mente, pronto, esse é um sim absoluto – e, se ele está alinhado ao seu passo 45, ainda melhor. Se gerou dúvidas, meu conselho é: fuja!

o progresso e sentir a maravilhosa sensação de vitória a cada conquista. Minha dica é: coloque micrometas atingíveis que, somadas, se transformem na sua macrometa, assim a sensação de vitória se repete durante o processo, e você se motiva para continuar.

Esse **plano de ação** vai fazer que você encare o maior de todos os desafios: manter-se disciplinado. É fácil ser tentado por distrações e interrupções que parecem urgentes, mas que não contribuem para o passo 45. Gerenciar o tempo de maneira eficaz é outro aspecto fundamental para manter uma decisão irreversível. É preciso identificar as atividades e tarefas que são realmente essenciais para alcançar as metas e priorizá-las. Elimine todos os sabotadores de tempo e utilize técnicas de gerenciamento, que podem ajudar a aumentar a produtividade e minimizar as distrações.

É inevitável que surjam obstáculos, e estar preparado para lidar com eles manterá você resiliente. Outra dica bacana é antecipar possíveis dificuldades e criar um plano de contingência, assim, caso a adversidade surja, você estará preparado.

Buscar apoio e orientação também é essencial nessa jornada. Encontrar pessoas que compartilhem seus objetivos e visão pode ser extremamente motivador. Engajar-se com uma rede de apoio profissional, encontrar um mentor que possa fornecer orientação e encorajamento será extremamente valioso para que você se mantenha firme em busca do seu passo 45.

Ativar o modo ATITUDENOW para manter uma decisão irreversível em meio a interrupções e distrações requer compromisso e determinação, mas tenha certeza: é a melhor decisão que você pode tomar.

> **O RESULTADO NO DIGITAL É CRIADO COM O TEMPO E COM ESTRATÉGIA, PORÉM É A ATITUDE QUE FAZ COM QUE TUDO ACONTEÇA.**
>
> MARCUS & EDI
> @resultdigitalbr

A bola está com você

CAPÍTULO 15

Eu tinha um novo bebê a caminho e, na minha mente de quase trinta anos como funcionário celetista, estava desempregado. Mas eu havia tomado uma decisão irreversível e só tinha uma direção a seguir, em frente, sem interrupções, sem distrações, sem nada que pudesse me impedir de buscar o que eu tinha projetado para mim. O espelho do retrovisor é imensamente menor do que o para-brisa, então foco no que está por vir.

Eu segui me dedicando infinitamente aos estudos, aos treinamentos, às mentorias, como aluno e como mentor. Os *feedbacks* estavam cada vez melhores e fiz grandes descobertas. A mais importante foi que as pessoas não buscavam a comunicação como o produto, mas sempre como um caminho para algo maior. Todos os meus alunos ansiavam por se tornar produtores digitais e ganhar dinheiro na internet, por se tornar mentores, e direcionei o PLANO DE AÇÃO para isso.

Eu também consegui me destacar no grupo em que eu era aluno. Com o início da pandemia, nosso mentor criou um projeto chamado "A Travessia", para tutorar pessoas comuns, seguidores que vinham do Instagram dele, e guiá-las financeiramente no período que o mundo enfrentava. Cada um dos mentorados do Joel foi incitado a montar grupos e fazer reuniões semanais com essas pessoas durante sessenta dias. Meu grupo foi o maior, cheguei a ter 360 pessoas sob minha tutela, e os resultados foram realmente animadores.

O laboratório que estava fazendo no projeto "A Travessia" e o acompanhamento com a primeira turma do PLANO DE AÇÃO me transformavam a cada dia em um professor supercapacitado para entender os problemas, apresentar soluções lógicas e que davam resultados imediatos.

O financeiro estava como planejado para aquele momento, só saindo, torrando tudo que havia entrado da indenização e sem perspectivas de entrada, mas estava sob controle, era o que esperávamos.

Claro que o efeito pandemia e a gravidez da minha esposa aceleraram os gastos, e a reserva certamente não duraria até o fim do ano, então eu precisava acelerar, fazer acontecer.

Quando junho chegou, a preocupação veio junto, o mês seguinte seria o último do seguro-desemprego, eu estava com a turma da mentoria gratuita havia quatro meses, o projeto "A Travessia" estava chegando ao fim, e eu precisava rentabilizar urgentemente.

Como eu tinha alguém para me direcionar, chamei meu mentor pela manhã e expliquei a situação, contei que estava com medo do que poderia acontecer, porque meu cérebro já estava me pregando peças, fazendo que meu pescoço se virasse e começasse a olhar opções ao lado, e eu não podia vacilar, precisava fazer pelo menos um real cair na conta. Foi exatamente o que disse para ele.

Ele me respondeu com uma única frase: "Você acabou de me dar uma ideia, espere um pouco".

Fiquei tenso, mas confiante. Os pelos de minha perna se arrepiaram quando vi que ele chamou a atenção de todos nós, alunos, criando um novo grupo de WhatsApp com todos os alunos das duas turmas de mentoria e marcando uma reunião emergencial para o mesmo dia, às 18h.

Pronto, vou ser expulso na frente de todos por estar trazendo problemas pessoais para um cara que tem demandas muito maiores.

Ele não explicou nada, só pediu que eu não faltasse à reunião.

Muito antes do horário marcado, eu já estava pronto e esperando pelo início, afinal, o maior interessado naquele momento era eu. Não tinha ideia do que ia acontecer, mas sabia que tinha provocado algo nele.

No horário marcado, entramos em sala e ele já começou assim: "Quero ser rápido e gostaria que todos prestassem muita atenção. O Alysson falou algo comigo hoje cedo, que se conectou a uma mensagem que outro mentorado havia me enviado dias antes, por isso eu convoquei esse papo".

Na minha mente, o pensamento: *Pelo menos não vou ser expulso sozinho*. E ele continuou:

A BOLA ESTÁ COM VOCÊ

"Estava olhando o perfil de cada um de vocês. Juntando as duas mentorias, são 86 alunos, e aqui existem vários serviços que vocês consomem ou dos quais precisam, e vejo poucos consumindo uns dos outros. Se somos um time, esse pensamento tinha que estar na mente de vocês, vocês deveriam estar faturando aqui dentro. Então eu vou propor um desafio: quarta-feira [estávamos na segunda] eu vou abrir uma reunião nossa, e vocês irão me apresentar seu trabalho em um *pitch* de um minuto; os que eu mais gostar, vou indicar pros meus amigos. Pensem como empresários, porque eu vou fazer isso. A proposta precisa ser boa pra vocês, pros amigos de mentoria, e também pra mim, inclusive financeiramente falando. Pra finalizar, vocês precisam me mandar o slide da apresentação de vocês até amanhã ao meio-dia, quem não mandar já estará excluído do processo. **Valendo!**"

Fechada a reunião, ele ainda me mandou uma mensagem no *zap* dizendo assim: "Toquei a bola pra você, agora chuta e faz o gol".

Passei a terça e a quarta toda ensaiando, metrificando o tempo: eu começaria falando da importância da comunicação para todos e, quando chegasse aos 40 segundos, faria apenas o movimento labial do restante do texto, sem emitir som. Já havia combinado com um amigo para que ele chamasse a atenção, como se meu microfone tivesse parado de funcionar, e eu encerraria respondendo: "Meu microfone? Não, aqui tá tudo certo! É que a maioria de vocês usa tão mal a comunicação nas redes que estão assim, falando, falando, mas ninguém tá ouvindo". Eu já sentia o peso do troféu nas mãos.

Chegou o dia e a hora, o assessor do mestre, Raphael, no comando da dinâmica. Chegou a minha vez. "Pronto, Alysson?" Eu sinalizei que sim. Disparei a falar, sem nem pensar, só entregando o máximo nos segundos iniciais, até que fui interrompido: "Alysson, seu microfone está fechado". Abri. "Desculpe, *bora* começar." E aí que veio a pancada: "Continue, seu tempo tá correndo".

Eu parei de respirar e disparei a falar, usando todos os gatilhos, tentando acelerar, as palavras quase não tinham pausa. Tinha perdido uns quinze segundos, e eu precisava de 59, os 45 não seriam suficientes. *Acelera, acelera!* Quando chegou na parte em que eu simularia a mudez: "Tempo encerrado!". O chão sumiu debaixo de mim, o tempo parou, eu não ouvia nada, do dedinho do meu pé começou a subir um calor insuportável, que começou a atravessar os pés, pernas, corpo, braços, peito, até explodir na minha cabeça.

Tinha dado errado, e por um pequeno detalhe, um descuido meu, e certa dose de exagero do cara que cuidava do tempo, afinal, ele podia ter voltado o cronômetro. Eu tinha planejado, planilhado, ensaiado. "A bola tá com você, agora chuta e faz o gol...". Perdi as esperanças e fechei minha câmera, porque a frustração estava estampada no meu rosto. Eu fiquei ali, andando pela casa, com o fone ligado e a câmera desligada, ouvindo sem prestar atenção em ninguém.

Na minha mente, só passava um pensamento: *Como matar um assessor, com requinte de crueldade, sem chatear o chefe?*

Eu queria trucidar o Raphael, a sorte de nós dois é que estávamos a 1,8 mil quilômetros de distância e que meu instinto assassino só durou poucos minutos.

Chegou a hora da avaliação, o mestre pediu para todos abrirem as câmeras, e disse que havia selecionado seis pessoas que foram bem para indicar para os seus amigos. Claro, eu não estava entre eles. Decepção.

Eu tinha planejado, planilhado, ensaiado. "A bola tá com você, agora chuta e faz o gol..." e eu me sentindo o Roberto Baggio batendo o pênalti para o alto na final da Copa de 1994.

E então ele continuou falando: "De cinco pessoas aqui, eu gostei tanto que eu mesmo, pessoalmente, quero lhes propor um negócio. O primeiro é o Alysson...". *Como assim?*

Vista escura, som sumiu, não ouvi mais nada, não sabia o que estava acontecendo, corri de novo para o escritório, liguei o computador e coloquei 299% de atenção nas falas dele.

— Vocês cinco, fiquem na sala. O restante pode sair.

Como assim? Mesmo dando tudo errado, deu certo? Eu podia cancelar o assassinato? Ou ele só me chamou por pena?

"Vocês foram muito bem, eu gostei demais da clareza na informação, da transformação causada e, além do mais, os produtos de vocês, coligados, viram uma baita mentoria. Eu vi que o Alysson teve um problema, mas isso não o afetou, ele conseguiu se recompor, falou um pouco acelerado, mas passou o recado."

Claro que eu fui afetado, mas eu não parei, e esse foi o diferencial. Eu fiz em 45 segundos o que a maioria não fez em um minuto. Orgulho!

Para o nosso pequeno grupo, a ideia era preparar uma aula ao vivo que seria dada para a comunidade do mestre. Ali receberíamos a sua validação e captaríamos *leads* para montar um grupo de WhatsApp,

A BOLA ESTÁ COM VOCÊ

guiar o grupo por uma semana e, no fim, vender um produto do mesmo tema, que deveria estar gravado em alta qualidade.

"A bola tá com você, agora chuta e faz o gol." **E eu fiz!**

ENTREGUE MAIS DO QUE ESPERAM

Existe uma relação muito simples que faz que você se destaque ou decepcione quando desafiado a fazer uma entrega, seja de um produto, seja de um serviço. Quando você faz uma promessa, cria uma expectativa no cliente. Se a entrega estiver alinhada com a promessa, o outro lado fica satisfeito, você cumpriu com o que deveria. Se a entrega for menor do que a promessa, o outro lado fica decepcionado, você fez aquém do que deveria. Mas, se a entrega for maior do que a promessa, o outro lado fica encantado.

Ativar o modo ATITUDENOW fará você sempre surpreender, sempre entregar a mais, sempre deixar o outro encantado. Atender às expectativas é trabalho para o homem comum – e a essa altura, já no último terço do nosso livro, é impossível que você pense como um homem comum.

A mente ATITUDENOW está voltada para a observação minuciosa e a análise cuidadosa das informações. Essas pessoas têm uma tendência natural para notar os pequenos elementos que compõem uma situação, tarefa, serviço, entrega ou produto. Ao pensar nos detalhes, você tende a se envolver em um processo de atenção concentrada. Essas pessoas são capazes de cuidar de aspectos específicos e identificar nuances que podem passar despercebidas para o homem comum. Elas têm a capacidade de desmembrar um todo em partes menores e examinar cada uma delas com cuidado.

Ativando o modo ATITUDENOW, você tende a ser analítico, emocional e preciso ao mesmo tempo. Você se torna mais habilidoso em identificar inconsistências, erros ou imperfeições, e a ter uma abordagem metódica, procurando por informações adicionais que possam fornecer uma visão mais completa ou esclarecer questões específicas.

A capacidade de pensar nos detalhes lhe oferece vantagens significativas. Você geralmente se torna um excelente solucionador de problemas, pois consegue identificar as causas e encontrar soluções

A capacidade de pensar nos detalhes lhe oferece vantagens significativas.

A BOLA ESTÁ COM VOCÊ

eficazes. Mais observador e perspicaz, capta informações importantes que podem ser cruciais para a tomada de decisões.

Quando uma pessoa tem o capricho e o cuidado de realizar tarefas com excelência e dedicação, demonstra um compromisso em oferecer um serviço ou produto que vá além das expectativas comuns. Essa postura tem sido amplamente estudada pela ciência e possui impactos significativos tanto para o profissional quanto para o cliente.

Estudos mostram que indivíduos que superam as expectativas demonstram maior satisfação e motivação no trabalho.[31] Essa atitude está relacionada com a busca por desafios e o desejo de se destacar, o que leva a um senso de realização pessoal e profissional. Além disso, quando se busca constantemente encantar o cliente, há uma maior probabilidade de estabelecer relações de longo prazo e fidelidade, o que é essencial para o sucesso nos negócios.

Uma abordagem focada em superar as expectativas também pode levar a um maior nível de confiança e credibilidade. Os clientes e parceiros confiam naqueles que consistentemente entregam resultados além do esperado. Isso pode levar a uma grande fidelização e à criação de uma grande rede de vendas por recomendações.

Quem ativa o modo ATITUDENOW não se contenta como coadjuvante, nós vamos sempre entregar mais e buscar o protagonismo que merecemos.

---

31 CHEN, J. C.; TJOSVOLD, M. J.; HUI, M. W. A influência da superação de expectativas no trabalho na satisfação e motivação dos funcionários. **Journal of Management Studies**, v. 41, n. 4, p. 687-708, jun. 2004.

Gol de placa

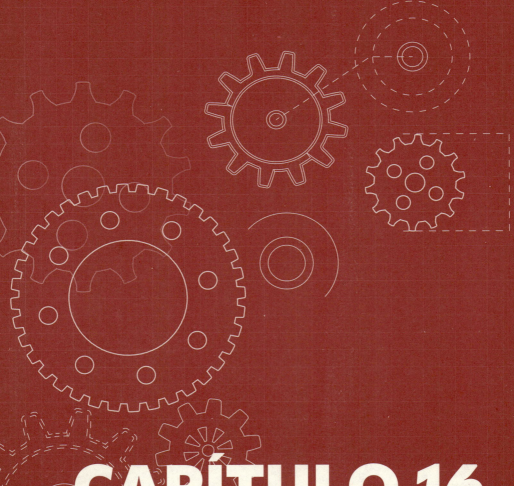

CAPÍTULO 16

É claro que eu não ganharia só de 1×0, eu precisava dar um show, entregar acima das expectativas, deixar todos encantados.

A agenda foi feita, e minha aula seria uma das últimas. Analítico que sou, essa configuração foi perfeita, eu teria tempo para gravar o curso da melhor forma possível, preparar uma aula e ainda assistir a quatro dos cinco amigos que fariam o mesmo processo.

Usei muito bem os meus quinze anos trabalhando em televisão. Convidei meu amigo e antigo sócio Stanley para ser sócio nesse produto e estava focado em oferecer o meu melhor. Escolhemos um *coworking* para ser cenário da transmissão e das aulas gravadas, roteirizei o curso e começamos a gravação. E garanto: não existe curso de comunicação mais completo em todo Brasil! São 104 módulos, e eu falo de ferramentas que ninguém ensina, em um curso técnico, profundo e superdidático, COMUNICAÇÃO PARA RESULTADOS.

Ao mesmo tempo, todas as semanas, um dos meus amigos entrava com as aulas na comunidade do mestre.

A primeira fez uma aula superagradável sobre gestão financeira. Bem-humorada, apresentando muitos gatilhos mentais, mas sem grandes surpresas visuais.

O segundo falou sobre programação neurolinguística (PNL) e, mesmo com um bom conteúdo, apresentou de maneira simples, como se fosse uma aula de um curso digital – *slides*, *flipchart* e nada mais.

A terceira falava sobre *personal branding*, e até aquele momento era a queridinha da mentoria, a que apresentava maiores resultados e se aproximava mais do mentor, eu sabia que ela era ATITUDENOW e que faria algo acima das expectativas. E assim foi, ela utilizou interações gráficas, conteúdo em cromaqui, as imagens apareciam como *pop-ups* ao lado dela, muito bacana mesmo.

Acabou a aula, e o grupo do *zap*, que agora tinha apenas os cinco além do mestre, ficou movimentado, agora a régua subiu, os próximos vão ter que se reinventar, não vai ser fácil superar. Realmente não seria fácil se eu fosse um homem comum, mas o modo ATITUDENOW não me permitiria perder esse jogo.

Eu nem me preocupei em assistir ao quarto, porque tinha certeza de que já havia visto o que de melhor viria, então fui preparar o meu, mostrar que medir com régua não é para mim, teriam que me buscar com o telescópio espacial Hubble depois da aula! (*risos*)

Eu estava em um escritório com o fundo todo envidraçado e, atrás, uma das principais vias de Goiânia. Filmando ali, daria ao aluno a mesma sensação de assistir a um telejornal. Eu me vesti como um apresentador de televisão – camisa social e blazer. Contratei uma *switcher*, que faz o controle das câmeras como em um estúdio de televisão, e colocamos três câmeras em ângulos diferentes.

O conteúdo era incrível, o cenário também, eu estava mais do que preparado, faltava só o fator surpresa. Joel abriu a aula e me convidou. Naquele momento, quem estava assistindo tinha a sensação de que eu faria uma aula no notebook, com a webcam. Eu estava sentado, em frente à mesa, bem arrumado, mas sem causar grandes expectativas.

Quando ele tocou a bola para mim, eu iniciei a aula sentado, tom de voz normal, dei boa noite a todos e disse: "Eu sei que todos aqui precisam aprender a se comunicar melhor, porque a comunicação exige treinamento diário, não dá para dizer que você está pronto e estacionar, você sempre vai ter algo mais a aprender. Mas tem um detalhe (agora era a minha hora): não dá para falar de comunicação, que é muito mais não verbal do que verbal, assim, sentadinho, webcam, como se fosse uma simples aula on-line, porque a gente não se comunica só com a voz, a gente se comunica com todo o corpo". Nessa hora, eu me levantei, chutei a cadeira para o lado, dei dois passos, e a *switcher* cortou para a câmera 2, depois para a câmera 3, acompanhando o meu discurso, então voltou para a câmera 1 já posicionada, mostrando o Alysson em pé com o cenário de Goiânia ao fundo. Tudo sincronizado, preparado, perfeito. O *chat* disparou, não dava nem para ler. Era um gol de placa!

GOL DE PLACA

Uma hora de uma aula intensa, dinâmica, cheia de cortes e movimentação, *slides* perfeitos, atenção total das mais de 1.500 pessoas que ali estavam.

Quando terminei, o mestre volta a dividir a tela comigo, e ele já entra aplaudindo, surpreso, encantado. Afirma que não foi uma aula, que foi um show, que todos deveriam se inspirar com o capricho que eu entreguei. Disse ainda que levou um susto tão grande quando eu levantei que levantou junto, e começou a gritar e a mostrar os detalhes para quem estava em volta. *Gotcha*, objetivo concluído.

Surpreendi a todos, inclusive ao mestre. Cento e cinquenta pessoas entraram no grupo. Objetivo alcançado.

A competição ficou injusta! Mas ser ATITUDENOW é assim, não dar chance para comparações e entregar muito além das expectativas.

VÁLVULA AUDITIVA

Esse subtítulo soa estranho para você? Fico feliz, porque então provavelmente você ainda não precisou passar por isso. Eu, já. Foi complicado, mas eu aprendi e hoje posso ajudá-lo nessa caminhada.

Quando você começar a se destacar, com certeza vai passar por um momento maravilhoso, com muita satisfação pessoal, comprovando que suas atitudes deram certo, que os planos foram acertados. Você estará muito feliz, eu garanto. Mas nem todo mundo ficará feliz com isso. Aliás, para ser sincero, muita gente vai se incomodar, se chatear, tratá-lo diferente, e isso machuca.

O caminho da subida parece bem solitário às vezes, e tem horas que você começa a se colocar em xeque. *Será que eu fiz algo errado? Será que estou me enganando? Será que é falta de respeito com os outros me jogar um pouco mais? Será que estou parecendo arrogante? Será que a competitividade me afasta de todos?* Eu me fiz todas essas perguntas e algumas mais.

E ainda existe um outro efeito, o famoso: "Eu já sabia!", "Eu sempre te apoiei!", "Eu acredito em você há anos!", "Estou do seu lado!".

Ué, Alysson, mas essa não é a parte boa?

Quando dito por pessoas que você sabe que sempre fizeram isso, sim, mas vão aparecer alguns amigos de infância e apoiadores eternos

127

dos quais você nunca ouviu nenhum elogio, nenhum apoio, aliás, você pode até já ter desconfiado da honestidade dessas pessoas.

Já ouviu a frase: "Prego que se destaca é martelado"? É verdade! E nem precisa muito, um pequeno passo a mais é suficiente para você ser julgado. Mas não se preocupe, ligue o modo ATITUDENOW. Quando você fizer isso, entenderá que eles não estão incomodados porque você se moveu e se destacou, mas porque saiu do lugar de onde eles ainda não conseguiram sair.

Perdoe! Perdoar não é ter amnésia, muito menos precisar conviver com quem julgou ou magoou você, e sim simplesmente conviver com o fato sem se machucar mais.

Eu já me encontrei com algumas dessas pessoas e as tratei com o mesmo carinho que trataria antes. Cumprimentei, abracei, perguntei como estavam, e depois saí de perto. Pronto! Modo ATITUDENOW ativado, sem falsidade, de coração mesmo, só não preciso ficar perto.

O mais importante nesse processo, mesmo que você escute tudo, é que ouça apenas o que fizer sentido para você. Eu gosto de dizer que tenho uma válvula auditiva bem atrás da minha cabeça. Quando alguém quer fazer fofoca, quando escuto julgamentos, percepções erradas ou o famoso "disse me disse", coloco a válvula na horizontal: entra por um ouvido e sai pelo outro, sem me afetar e muito menos chegar a pontos desnecessários do meu corpo. Quando recebo um elogio sincero, uma declaração de missão atingida, uma crítica construtiva, algo que vai me engrandecer e me fazer refletir, coloco a válvula na vertical, enviando direto para o cérebro e para o coração.

E o mais importante: o comando da válvula é todo meu, eu não permito que ninguém meta a mão e controle para onde eu vou enviar as falas que chegam a ela. E nem adianta começar a prestar atenção nas minhas reações agora, a válvula é auditiva, ela não tem nenhuma ligação com expressões da face, movimentos de cabeça etc., e a ativação é cerebral: eu dou o comando e ela muda a posição, portanto, a única pessoa **no mundo** que vai saber a posição sou eu. Isso me faz muito feliz, porque sou eu quem controlo os sentimentos que você poderia causar em mim, caso estivesse despreparado. Instalar essa válvula é mais um passo extremamente assertivo na caminhada de ativar o modo ATITUDENOW da sua vida.

GOL DE PLACA

DECISÕES BEM PLANEJADAS COM ATITUDES BEM EXECUTADAS GERAM OS MELHORES RESULTADOS.

DR. UESLHE GAMA
@drueslhe

Primeiros faturamentos

CAPÍTULO 17

Eu estava extremamente realizado. Havia feito uma entrega exemplar, chamado a atenção de todos, colhido mais de 150 *leads* orgânicos e montado o melhor curso de comunicação de todos os tempos.

Fiz o acompanhamento desses *leads* durante *quinze* dias. Abrimos o carrinho e fechamos quinze vendas. Pouco? De jeito nenhum! Uma conversão de 10% é altíssima para a realidade do mundo digital, especialmente em um primeiro lançamento.

Financeiramente, eu não me importava. Eu mesmo só investi e não tirei um centavo sequer. Mas agora eu sabia como fazer, tinha 150 *leads* para continuar trabalhando, sem contar os outros mais de duzentos daquele primeiro grupo do *zap*, os 360 do projeto "A Travessia", e quase quatrocentos seguidores de um Instagram recém-inaugurado.

Finalizei, também, o processo com aquela primeira turma experimental da mentoria, e recebi *feedbacks* incríveis. O último encontro foi um chororô só. Fizeram um vídeo em minha homenagem, me enviaram presentes pelo correio, foi realmente emocionante, e ali o efeito "tia Aparecida" se cumpria mais uma vez. Gratidão intensa e eterna aos queridos catorze guerreiros do PDA 01.

Então chegou a hora de testar algo extremamente novo para mim: vendas. Eu nunca me vi vendedor, nunca pensei que poderia fazer isso; na verdade, sempre acreditei não ter aptidão e paciência necessária para vender. Vendas é um embate de ideias, quebras de objeções, entendimento de necessidades, tudo isso me traria demandas novas e minha experiência era próxima de zero.

O que eu costumava fazer quando encontrava algo muito novo em minha vida? Trazia para minha zona de conforto, a comunicação.

Eu gosto e sempre gostei de gente, tenho facilidade em me relacionar, gerar conexão, me aproximar, ser solidário, doar, mesmo que só a minha atenção, e decidi testar esse movimento em vendas.

Decidi começar pelos quatrocentos números de telefone que eu tinha.

Como eu não tinha a prática da venda, sempre começava com uma conversa simples, despretensiosa, como a pessoa estava, o que ela fazia, como era o seu trabalho, trocava uma ideia que às vezes levava horas. Percebi que, como eu dava atenção para as pessoas, gerava uma conexão natural, e quando eu oferecia o produto, no mínimo ela já tinha simpatia por mim.

Eu acreditava que não sabia vender porque estava acostumado a ver os famosos *pitches* embalados, ofertas lotadas de gatilhos, propostas mirabolantes, preços de ancoragem e ofertas irresistíveis da mesma forma. Mas descobri que vender é muito mais simples do que isso: trata-se apenas de ouvir a dor, entender se você pode ajudar, fazer uma proposta direta, entender uma possível objeção, quebrá-la com argumentos sinceros e sem promessa de milagres e enviar o *link* de *checkout*.

Vender é, inicialmente, bater um bom papo, conhecer o *lead* e suas necessidades e, se você puder ajudar, o que você está fazendo não é invasivo nem vai "tirar o dinheiro do outro", pelo contrário, vai ajudá-lo, salvá-lo, transformá-lo. Se isso é venda, eu sei vender, sim!

E deu certo. Em quinze dias, formei uma nova turma de mentoria com 37 pessoas, três que se destacaram na turma 1 e ganharam o acesso novamente, mais 34 vendas que entraram na minha conta, que estava pegando poeira de tão vazia.

Eu sabia vender e, modéstia à parte, mandei muito bem na conversão, porque a maioria dos que não compraram consegui levar para a lista de espera da próxima turma, criando uma engrenagem e um sistema de vendas.

Quando a turma 2 terminou, percebi que eles queriam mais, e a famosa esteira de produtos começou a se expandir. Montei um método de vendas por indicação e criei o segundo produto da linha: um segmento para quem queria continuar avançando. Usei a lista de espera para vender a turma 3 do Plano de Ação e montei o processo avançado, que chamei de PDA+.

PRIMEIROS FATURAMENTOS

Finalmente o dinheiro estava entrando na minha conta de maneira exponencial e, o melhor de tudo, eu estava literalmente ajudando as pessoas a fazerem o mesmo. O método que criei para mim já era replicado por oitenta pessoas.

Nesse momento, eu descobri minha missão: ajudar as pessoas a ganharem dinheiro, a serem mais prósperas, a terem a atitude certa em prol da própria vida. Se todos que cruzarem meu caminho se tornarem prósperos, o mundo vai se tornar bem melhor.

Para isso, chegava o momento de escalar, expandir, criar relevância, fazer acontecer.

DIVERSIFICAÇÃO

Quem tem o modo ATITUDENOW ativado sabe que não pode colocar todos os ovos em uma mesma cesta, então busca expandir, crescer, diversificar. Para isso, a imagem é um fator preponderante para o crescimento de sua base. Em uma disputa direta pela concorrência, o mais conhecido pode vencer até o melhor, assim, aumentar sua relevância será um grande diferencial.

Estar atento às oportunidades é o primeiro passo para que isso aconteça de maneira direta em sua vida e em seus negócios. Aproveitá-las rapidamente, também, velocidade é um grande diferencial na tomada de decisões. Esse papo de tartaruga ganhando corrida de lebre é muito bonito para contos de fadas, mas, no mundo dos negócios, quem sai na frente tem vantagem, então comece a se mexer, construa a sua jornada da melhor forma, com rapidez, altivez e sabendo exatamente aonde você quer chegar.

E, é importante dizer, não se perca na jornada. Diversificar, no início, não é investir em treinamentos, padarias, parque de diversões e petróleo ao mesmo tempo. Você precisa entender os mercados em que quer entrar e, a partir daí, direcionar as ações para atingir o objetivo da melhor forma.

Uma tarefa simples, mas que pode virar seu jogo e fazê-lo ativar o modo ATITUDENOW é desenhar o seu multiverso de opções. Eu explico como: pegue uma folha de papel, faça um círculo e coloque seu nome no meio, no meu caso, quando iniciei, eu montei o "Alyverso". Em volta

133

dele, crie uma órbita de outros círculos, cada um com um segmento em que gostaria de atuar em um futuro próximo.

Utilizando meu primeiro Alyverso como exemplo:

Com esse mapa, é possível ver que além de educação, área em que eu já estava atuando, havia outras que ainda estavam completamente inexploradas, e para as quais eu poderia direcionar ações.

Ao criar o seu, é importante que você coloque no papel a sua tese de diversificação – muitas propostas vão surgir no seu caminho, mas nem todas são para você: o que o afasta da sua meta e o faz perder o rumo não é ideal. Verificar se a diversificação proposta está alinhada com o código de cultura do negócio atual é como um alinhamento estratégico, no qual você deve avaliar se os novos ramos complementam a *expertise* existente e se podem ser integrados de maneira sinérgica, aproveitando recursos e conhecimentos já adquiridos.

Para criar uma tese de diversificação de negócios sólida é necessário considerar alguns pontos importantes. Tomemos como exemplo alguém que trabalha com educação digital, palestras e escrita de livros.

É essencial desenvolver métodos avaliativos para orientar a análise das competências, a tomada de decisões estratégicas e a identificação dos conhecimentos e recursos necessários para expandir para os novos ramos. Isso pode envolver o desenvolvimento de competências internas ou a busca por parcerias estratégicas e terceirização de atividades.

PRIMEIROS FATURAMENTOS

Fazer uma análise de mercado também é fundamental. Pesquisar e compreender as tendências, a demanda e as oportunidades nos novos ramos de interesse, examinar o tamanho do mercado, a concorrência existente, as preferências dos clientes e os desafios que possam surgir.

Além disso, é crucial avaliar a viabilidade financeira da expansão para os novos ramos, o que requer uma análise cuidadosa dos custos de investimento, das projeções de retorno e do potencial de lucratividade. É necessário garantir que o investimento seja sustentável e agregue valor ao negócio principal.

É importante frisar que, no início, pode ser que a balança financeira desequilibre. O que você investe para iniciar um negócio, geralmente, é mais do que aquele negócio vai render. Mas quem tem o modo ATITUDENOW ativado pensa a longo prazo e sabe exatamente que empreender é, desde a semântica da palavra, correr riscos.

Primeiro best-seller

CAPÍTULO 18

Eu havia entendido o idioma do dinheiro e criado um método extremamente eficaz para ajudar as pessoas a se tornarem mentores digitais, treinadores, pessoas que ajudam a gerar prosperidade. Em menos de sete meses, já tinha quatro produtos girando e, quanto mais eu ajudava as pessoas, mais tinha retorno.

Eu continuava em mentoria. Ali, validava minhas entregas, ampliava meus conhecimentos e aproveitava cada oportunidade de crescimento. Uma delas foi uma proposta irrecusável: "Vamos escrever um livro juntos?".

Meu nome é Vamos, e meu sobrenome é Agora, certeza de que fui um dos primeiros, senão o primeiro a dizer "sim". Nem sabia quanto ia me custar de tempo, dinheiro e esforço, mas sabia que estava totalmente alinhado com meu propósito e planejamento estratégico. Quando ele disse que seria pela mesma editora com a qual tinha contrato, a maior do Brasil, aí foi realmente a cereja do bolo.

Para completar a proposta irrecusável, passaríamos por um treinamento de capacitação com grandes nomes do mercado editorial brasileiro e, por fim, seríamos organizados pelo mentor, para que o livro tivesse a relevância necessária.

Tivemos uma primeira reunião com a publisher e o *head* de vendas, e iniciamos o treinamento.

A capacitação que fizemos foi incrível, não só pela imersão em si, mas até pelos amigos de sala; entre outros, tínhamos André Heller, um campeão olímpico, fazendo o mesmo treinamento que nós.

Terminado o treinamento, partimos para a escrita, processo guiado e direcionado pela editora, nome definido: **O sucesso é treinável**, e era hora de discutir estratégias de promoção e vendas do livro. Não tinha jeito, na minha mente ele precisava ser best-seller, estar entre os mais vendidos do Brasil, disso não abria mão.

Para impulsionar o lançamento, criamos também uma imersão, na qual cada autor faria uma palestra, complementar ao seu capítulo, e, em um dia subsequente, uma mentoria com os alunos.

Preparamos a estratégia, organizamos o processo, e mãos à obra. O resultado?

Mais de quatro mil livros vendidos em pouco mais de quatro horas. Dever cumprido! Tornei-me um autor best-seller.

OUSADIA FAZ PARTE DO JOGO

O momento em que uma oportunidade se apresenta diante de você é como uma encruzilhada. Como aproveitar as melhores oportunidades que surgem em nossas vidas, especialmente quando elas parecem difíceis, desafiadoras?

A maioria das pessoas tem o desejo de calcular cada detalhe, analisar meticulosamente todas as variáveis, antes de tomar uma decisão importante. Elas buscam medir os riscos e garantir uma previsão precisa de sucesso. No entanto, aqueles que ativam o modo ATITUDENOW sabem que, às vezes, é necessário se jogar, mesmo quando há incertezas e riscos envolvidos.

A atitude audaciosa e corajosa de aproveitar as oportunidades sem hesitar pode render resultados surpreendentes. É nesse momento de ousadia que a mágica acontece, quando você supera o medo e dá um salto de fé em direção ao desconhecido. Lembra? Pular sem ver o chão do outro lado.

Mas como você pode fazer isso? Como se preparar para abraçar as oportunidades e transformá-las em sucesso? Esteja aberto e atento ao que está acontecendo ao seu redor. Esteja receptivo a novas ideias, conexões e possibilidades, aos sinais que a vida lhe oferece, pois as oportunidades muitas vezes se apresentam de maneiras inesperadas.

Avalie sua paixão e propósito antes de mergulhar em uma oportunidade. Pergunte-se se essa oportunidade está alinhada aos seus valores e metas de longo prazo. Se não se alinhar ao passo 45, não tem por que, mas quando você se conecta com algo que realmente lhe

Avalie sua paixão e propósito antes de mergulhar em uma oportunidade. Pergunte-se se essa oportunidade está alinhada aos seus valores e metas de longo prazo.

interessa e motiva, sua atitude de busca pelo sucesso se torna ainda mais poderosa.

Prepare-se para desafios e obstáculos. Compreenda que nem tudo será fácil e que você precisará desenvolver resiliência. Esteja disposto a aprender com os desafios e a perseverar quando as coisas ficarem difíceis. Essa mentalidade de superação é fundamental para transformar as dificuldades em degraus para o sucesso.

Tome decisões rápidas e eficazes. O modo ATITUDENOW envolve a capacidade de tomar decisões difíceis de maneira ágil, rápida e eficaz. Não fique paralisado pela indecisão. Em vez disso, colete as informações necessárias, confie em sua intuição e tome a atitude. Lembre-se de que a indecisão prolongada pode resultar em oportunidades perdidas. Seja proativo e decida-se com confiança.

Aprenda com os fracassos. Nem todas as oportunidades se transformarão em sucesso imediato, e isso é perfeitamente normal. Em vez de desanimar com os fracassos, veja-os como oportunidades de aprendizado. Analise o que deu errado, ajuste sua abordagem e siga em frente com uma nova perspectiva. Aqueles que têm a atitude de aprendizado contínuo têm maior probabilidade de alcançar o sucesso no longo prazo.

Lembre-se de que a vida é repleta de oportunidades. Algumas podem parecer impossíveis de serem aproveitadas; no entanto, quando você ativa o modo ATITUDENOW, está se preparando para abraçá-las de frente, sabendo que há riscos envolvidos, mas confiante em sua capacidade de lidar com eles. É através dessa atitude corajosa que você coloca o sucesso ao seu alcance.

Então, meu caro leitor, agora é o momento de agir. Não deixe que o medo e a hesitação impeçam você de aproveitar as melhores oportunidades que cruzam seu caminho. Lembre-se de que você tem o poder de moldar seu próprio destino e alcançar o sucesso que deseja. Ative o modo ATITUDENOW, aja e conquiste seus sonhos. Você pode, você deve, você faz!

PRIMEIRO BEST-SELLER

EXISTEM CONQUISTAS DISPONÍVEIS
APENAS PARA QUEM TRABALHA NO MODO
ATITUDENOW, FAZER INTERCÂMBIO EM UMA
UNIVERSIDADE ESTRANGEIRA É UMA DELAS.

ENZO PARANAGUÁ

@enzoparanagua

Encontrar a sua alcateia

CAPÍTULO 19

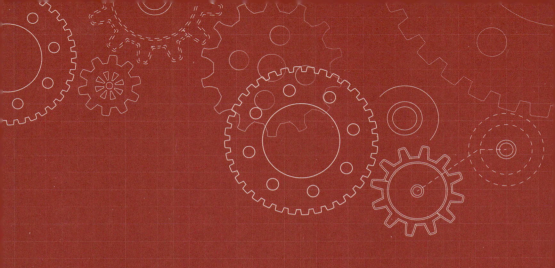

O número de alunos e mentorados crescia cada vez mais, o livro era um best-seller, meu filho mais novo estava chegando, eu vivia o melhor momento da minha vida. Mas ainda não podia dizer que estava satisfeito, porque não me sentia pertencente. Faltava encontrar a minha alcateia, porque eu me sentia um lobo solitário. Alguém que tinha direcionamento, criava estratégias, liderava, mas sem saber a que grupo pertencia. Coragem, estratégia, instinto, rapidez e liderança são as características arquetípicas do lobo. Eu me via assim, mas olhava para o lado e não via ninguém.

Até que recebi a proposta para entrar em um grupo de *mastermind*. Uma seleção de mentes pensadoras que se uniriam durante o ano seguinte para trocar estratégias e gerar crescimento mútuo e individual, como uma verdadeira egrégora, que se empodera, expande ações e gera colaboração mútua.

Só tinha um problema: o valor do acesso era alto para mim, eu não tinha esse dinheiro em caixa. Mas eu perderia essa oportunidade? Nunca! Era hora de ousar, de criar, de fazer a diferença, e mais uma vez mostrar quem sou eu. Precisava fazer esse dinheiro nos próximos minutos. Então, entrei em contato com todos os grupos de alunos que eu tinha e ofereci o meu próprio grupo de elite para doze pessoas interessadas.

Percebam os ensinamentos: eu não tinha o dinheiro, mas sabia como fazer; eu tinha meu grupo de alunos em uma comunidade que confiava em mim e sabia que eu não erraria com eles; eu fiz uma proposta sincera de que construiríamos juntos; finalizei com uma proposta irresistível e vitalícia para um número pequeno e seleto, com um *ticket* alto. Aprendi mesmo a vender. Vendi os doze lugares em quinze dias, paguei o *mastermind* e ainda tive lucro.

ATITUDENOW: A DIREÇÃO DO SUCESSO

Agora eu fazia parte do ECCO 100. Eu estava em um time de peso. Como seria lidar com milionários? Com investidores? Com *big players* da internet? Músicos e atletas de ponta? Grandes *influencers*? Eu me sentia um peixinho em um aquário de tubarões. Se eu não soubesse nadar rápido, seria engolido. Mas se tinha uma técnica que eu já havia dominado desde o bom e velho pão com mortadela era a das conexões.

E eu não só consegui nadar como criei grandes amizades com pessoas que eu, antes, via pela televisão ou acompanhava pela internet. O Ecco virou a minha alcateia, um grupo que entendia meu modo acelerado, ATITUDENOW, que aplaudia e se alegrava com as minhas vitórias, que me apoiava e, muitas vezes, me colocava para refletir sobre minhas decisões. De grandes reuniões de negócios a boas rodadas de troca de experiências.

Fiquei dois anos nesse grupo. Ainda não tinha me tornado um tubarão, mas, de sardinha, virei peixe-piloto, aquele que nada do lado do tubarão-branco sem ser engolido. Eu indicava pessoas para entrarem no grupo e, sempre que chegava um novato, fazia questão de ser o primeiro a dar as boas-vindas e fazer que ele se sentisse em casa.

Vários dos nomes que endossaram este livro são amigos que vieram desse grupo, ídolos que agora chamo de amigos, e não é essa a verdadeira definição de sucesso? Ser amigo de seus ídolos!

Esse é mais um aprendizado que quero que você leve para a sua vida: quando a lagarta disse que iria voar, todos riram, menos a borboleta. Ninguém que faz mais do que você vai criticá-lo, ninguém que dá grandes saltos rirá se você cair. É mais fácil alguém de cima estender a mão do que alguém que viu você sair do lugar onde ele ainda está. Ambiente de crescimento é onde as pessoas realmente esperam que você cresça, e não que se incomodam quando você se sobressai.

Pessoas muito maiores do que eu hoje tecem elogios sobre minha mentalidade e postura ATITUDENOW. Guarde esta frase: ninguém pode parar você além de você mesmo, e quem está acima torce para que você chegue e possa gerar crescimento para todos.

Não pare, mesmo que pareça longe. Não pare, mesmo que esteja pesado. Não pare, mesmo que seja doloroso seguir. O maior lutador do UFC de todos os tempos, o brasileiro Anderson Silva, afirmou: "Um minuto de dor vale uma vida inteira de glórias".

ENCONTRAR A SUA ALCATEIA

SER FELIZ

O maior propósito de quem ativa o modo ATITUDENOW é espalhar a felicidade, começando com a própria, e, assim como o sucesso, a felicidade também é particular, intangível e subjetiva.

Ser feliz é um estado de espírito que faz que todo o restante se alinhe. Pessoas felizes não querem guerra com ninguém, não têm tempo para falar mal de nada e, muito menos, para cuidar da vida dos outros. Ser feliz pode dar trabalho, mas é o melhor favor que você pode fazer por você mesmo.

Uma boa dose de autoconhecimento fará que você enxergue o que realmente faz sentido, o que ativa esse sentimento em você. E, quando você chegar ao ponto certo, conseguirá espalhar essa energia pelo mundo. A energia maior domina o sistema, lembra?

Quer entender como ativar o modo ATITUDENOW e buscar a própria felicidade? O caminho para a felicidade plena requer uma postura ativa em relação à vida, agir com determinação, coragem e prontidão diante das oportunidades que surgem em nossas vidas. Seja protagonista da sua vida. Não tome decisões ou faça escolhas pensando em agradar outras pessoas; a busca por aceitação externa nos desvia do nosso propósito principal. Portanto, coloque-se em primeiro lugar e viva de acordo com as suas próprias vontades e desejos.

Conheça e compreenda o seu propósito. Dedique tempo para autorrefletir e entender o que realmente motiva você. Identificar o seu propósito pode não ser uma tarefa fácil, mas, por meio de uma análise profunda e honesta, você conseguirá ter uma boa compreensão dos seus desejos e demandas internas. Uma vez que você tenha clareza sobre o seu objetivo, estabeleça metas e crie uma estratégia para alcançá-las.

Identifique também em quais momentos você se autossabota. Sim, esse fenômeno existe e é um dos principais freios presentes no homem comum. Para evitar autossabotagens, é importante identificar as fontes desses comportamentos. Compreenda o que desencadeia a procrastinação e aprofunde-se nas raízes desses comportamentos, para superá-los e seguir em direção à felicidade.

Trabalhar a autoestima é outro aspecto essencial para evitar comportamentos autossabotadores. Acreditar em si mesmo e valorizar

Um minuto de dor vale uma vida inteira de glórias.

ENCONTRAR A SUA ALCATEIA

suas habilidades e qualidades é fundamental para enfrentar os desafios que surgem na jornada. Cuide de si mesmo, tanto física quanto mentalmente, e cultive uma postura de confiança e segurança.

Lembre-se de que a perfeição não existe. Embora seja importante dar o seu melhor em cada situação, é igualmente importante reconhecer que nem tudo sairá como planejado. Não deixe que o medo de errar paralise você. Encare os fracassos como oportunidades de aprendizado e crescimento. Lembre-se de que as inseguranças não devem impedir você de tentar alcançar seus objetivos e encontrar a felicidade. Aprenda a valorizar e celebrar suas conquistas, em vez de se prender aos pensamentos de como poderia ter feito diferente. Seja gentil consigo e permita-se crescer e aprender com as experiências.

Na busca pela felicidade, explore novas experiências. Sabe aquele tipo de coisa você nunca pensou em fazer? Uma mudança inusitada no visual? Uma viagem sozinho, para um lugar no meio do nada, só com uma mochila nas costas? Saia do ambiente de controle, mude, experimente. Ao lidar com o novo, você entenderá do que gosta ou não e entenderá como lidar com mudanças. Estar aberto ao novo é essencial para aprender.

Por fim, priorize ambientes positivos e saudáveis em sua vida. Afaste-se de companhias tóxicas e relacionamentos abusivos, pois eles podem minar sua autoestima e aumentar as chances de autossabotagem. Aprenda a perdoar os próprios erros e entenda que não tem controle sobre as ações e pensamentos dos outros.

O caminho dos loucos

CAPÍTULO 20

Toda essa jornada de crescimento e aprendizado é recente, mas eu já mal reconheço o cara que deixei no caminho. Se você começar a projetar e buscar mudanças significativas, vai viver isso também. O mais importante é saber que todos vamos viver momentos assim.

Lá de cima, Deus vê tudo, e luta e vibra por cada uma de nossas vitórias. Uma das parábolas contadas por Jesus que apresenta essa energia emitida por Deus para que nos encontremos é a dos talentos, encontrada no livro de Mateus (25:14-30). Nela, um homem rico estava prestes a fazer uma viagem, mas, antes de partir, convocou seus servos e lhes confiou seus bens. Ao primeiro servo, ele deu cinco talentos; ao segundo, dois talentos; e ao terceiro, um talento. Em seguida, partiu em sua viagem.

O primeiro servo, que recebeu cinco talentos, imediatamente começou a negociar e investir com sabedoria. Ele conseguiu dobrar a quantidade de talentos, obtendo um total de dez talentos. Da mesma forma, o segundo servo, que recebeu dois talentos, também trabalhou arduamente e conseguiu dobrar a quantia, acumulando quatro talentos. No entanto, o terceiro servo, que recebeu apenas um talento, agiu de maneira diferente. Ele ficou com medo de perder o talento e, em vez de investir ou gastar, decidiu enterrá-lo no chão para mantê-lo seguro.

Após algum tempo, o homem rico retornou e chamou seus servos para prestar contas. O primeiro servo apresentou os dez talentos que havia ganhado, e o segundo mostrou os quatro talentos que havia multiplicado. Ambos foram elogiados e receberam alegria e recompensa por sua fidelidade. Quando chegou a vez do terceiro servo, ele confessou que tinha escondido o talento no chão porque estava com medo de perdê-lo.

O homem rico ficou irado com o comportamento do terceiro servo e o repreendeu por sua falta de diligência. Ele poderia, pelo menos, ter colocado o talento no banco para ganhar juros. Ordenou que o talento fosse retirado do servo negligente e dado ao primeiro servo, que já havia multiplicado seus talentos. O terceiro servo foi castigado e lançado para fora, onde havia choro e ranger de dentes.

É exatamente assim que Deus trabalha. Ele enviou cada um para a vida com pelo menos um talento, e ele vibra, torce e trabalha incessantemente para que consigamos multiplicar nossos talentos e ajudar na Sua missão para com os homens. Você tem multiplicado ou enterrado seus talentos? Tem buscado o propósito divino ou se corrompeu com o medo e virou uma engrenagem, escravo do pensamento do homem comum?

Levante-se! Se o próprio Deus espera a sua vitória, por que você se limita?

Eu enterrei meus talentos durante mais de quarenta anos, mas hoje vibro na energia certa, que me gera prosperidade, bem-estar e felicidade, e ainda me faz espalhar essa energia pelo mundo, contagiando positivamente todos à minha volta, sou combustível e estou aqui para colocar fogo no mundo.

Acredito verdadeiramente que cada um de nós tem algo queimando por dentro, doido para sair, para expandir, para tocar o mundo e fazer a diferença, e em determinado momento da vida essa queimação vai se tornar insuportável. Esse é o ponto da virada, e ele é crucial para o seguimento de nossa existência, especialmente para os caminhos que vamos tomar.

Alguns podem chegar ao ponto da virada ainda na infância, outros na adolescência, o meu gritou próximo aos 40, e pode ser até mais tarde, mas nesse momento você precisa escolher um caminho entre três: voar em bando, se manter na escuridão ou seguir o caminho dos loucos.

O primeiro caminho, que eu chamo de voo em bando, acontece quando você sente o incômodo, a queimação, algo gritando querendo sair, mas não entende, não percebe, acredita que é apenas um mal-estar físico, toma um remédio e segue sua vida, fazendo exatamente o que esperam de você, sem pensar, sem questionar,

O CAMINHO DOS LOUCOS

sem refletir se está feliz ou não. Você pode até viver uma vida próspera, tranquila, confortável seguindo esse caminho, sendo apenas uma engrenagem do motor do sistema, mas tenha certeza de que você enterrou seus talentos, e quando o Senhor voltar e perguntar: "O que fizeste com os talentos que te dei?", você não terá como explicar, e "ali haverá choro e ranger de dentes".

É muito comum quem voa com o bando chegar à velhice, olhar para trás e se questionar: *Afinal, o que eu fiz da minha vida? Como os anos se passaram e eu nem percebi?* Tristeza profunda, mágoas reprimidas, depressão e até doenças somatizadas pelo corpo podem ser vivenciadas por essas pessoas que deixaram de viver o melhor.

A segunda opção, que eu chamo de caminho da escuridão, é quando você sente o chamado, entende que precisa fazer algo, mas como foi moldado pelo senso comum, por pessoas e em ambientes que não geram prosperidade, você não sabe o que fazer nem onde buscar as ferramentas certas. O incomodo só aumenta, porque você sabe que não é físico, mas não sabe o que fazer, o ego não lhe permite buscar ajuda. Você sabe que pode mais, que tem uma missão, que não quer nem vai fazer o voo em bando, mas não encontra o seu lugar. Então você se fecha, se esconde, busca os caminhos mais escuros, ansiedade, *burnout*, depressão, pânico etc. Porque você não consegue mais viver dentro do incômodo que deveria fazê-lo crescer.

Se estiver se embrenhando por esse caminho, espero que este livro sirva como um manual, e que eu possa ajudar a retirar aí de dentro o que você tem de melhor, porque o incômodo pode levar você a salvar muitas vidas pelo mundo. Conte comigo!

Mas existe um terceiro caminho, que não é fácil de ser trilhado, que não é confortável e muito menos reto. Ele segue uma linha verticalizada, para o alto, como uma montanha pedregosa, com desafios, armadilhas e vários perigos durante a jornada. Eu chamo essa trilha de caminho dos loucos. Sim, porque é preciso ser louco para sair de um voo em bando, é preciso ser louco para evitar o caminho da escuridão. Apesar de gerarem dor em um certo momento, eles são mais simples de serem trilhados, retos, asfaltados e superpovoados, quando você olha para o lado, vê muita gente, e se todos estão indo na mesma direção, deve ser o caminho certo.

Já o caminho dos loucos, além de ser solitário, tem ar rarefeito e é constantemente bombardeado pelas pessoas que estão nas outras trilhas. Você luta para respirar, luta para não cair, para desviar das pedras, sobreviver às risadas, aos deboches: "Enquanto todos seguem reto o 'idiota' quer subir! Vai cair daí, seu animal!", certamente vão dizer.

O caminho dos loucos é extenuante, exige conhecimento, busca constante pela mensagem essencial da virada de chave, pelo mais novo ensinamento e conhecimento que vai fazer que você possa superar o próximo obstáculo.

Você sai, como o louco que é, fazendo todos os treinamentos, assistindo a todas as aulas, lendo tudo que vê pela frente. Se cai um bilhete no chão, você é o primeiro a pegar: *Vai que é aquela dica essencial que eu precisava, e o universo só deu conta de me entregar assim?*

"Louco", aliás, é o que você mais vai ouvir: "Deixa de ser louco!", "Tá ficando doido?", "Quem estuda demais acaba pirando!".

Persista!

Quando o ar parece faltar, depois que muitos já desistiram, o caminho começa a se alargar, e aos poucos você vai encontrando outros loucos como você. Diferentemente do voo em bando, onde existem muitas pessoas, mas cada uma vivendo sua jornada, sem se preocupar com quem está em volta, quando dois loucos se encontram, eles festejam, confraternizam, perguntam: "Como posso te ajudar?" e, de maneira genuína, a alcateia vai se formando.

Além disso, você vai encontrando ferramentas deixadas pelos loucos que passaram por ali mais cedo. Se você permitir, muitos estenderão cordas para puxar você e, se for preciso, vão voltar para levá-lo pelas mãos e evitar que você caia em buracos.

O caminho vai ficando cada vez mais belo. Até que você chega ao alto e tem uma visão que poucos terão, você vê o mundo inteiro diante de seus olhos, e muitos dos obstáculos que você superou agora parecem tão pequenos que mal dá para acreditar o sofrimento que você teve para passar por eles. A vista é linda, as pessoas são felizes, se ajudam, e bem no centro está a manivela invisível, que faz o mundo girar e que gera o balanço da viagem dos "normais". Aliás, o que é normal? Se ser normal é assim tão louco, que faz que muitos deixem de viver? Prefiro então ser louco e enxergar todos os loucos como normais, porque são iguais a mim e fazem esse mundo maravilhoso girar.

Se você chegou até aqui, mesmo que ainda não tenha encontrado o "caminho dos loucos", saiba que a ferramenta certa para ajudá-lo a subir a montanha é ativar o modo ATITUDENOW da sua vida.

O CAMINHO DOS LOUCOS

Venha! Estou aqui, com minhas cordas esticadas para ajudar você a subir, e com um espumante pronto para ser estourado, para que comemoremos, juntos, **a sua vitória!**

AGORA É A SUA VEZ

As próximas páginas são dedicadas a você, e é aqui, neste livro, que você vai começar a escrever os próximos pontos da sua história e buscar ativar o modo ATITUDENOW na sua vida.

A partir de agora, você deixa de ser engrenagem. Está pronto para virar combustível e colocar fogo neste mundo?

Capriche na história, e seja bem-vindo ao caminho dos loucos.

ATITUDENOW: A DIREÇÃO DO SUCESSO

Era uma vez...

ATITUDENOW: A DIREÇÃO DO SUCESSO

157

POSFÁCIO

Agora que você chegou ao fim deste livro, eu quero propor um desafio. Se você realmente ativou o modo ATITUDENOW da sua vida, tenho certeza de que vai buscar o seu PONTO DA VIRADA e escolher o nosso maravilhoso CAMINHO DOS LOUCOS.

Eu quero deixar minhas ferramentas no caminho e ajudar você nessa jornada. Como você já me segue nas redes sociais, quero que acesse esse outro QR Code. Através dele, você receberá um conteúdo de acompanhamento pós-leitura, participará de aulas ao vivo gratuitas e ainda ingressará em uma comunidade na qual todos os loucos vão se encontrar. Vamos ajudar esse mundo a se tornar um lugar muito melhor para se viver.

Acesse agora e comece a subida. Eu garanto, a vista vale muito a pena.

Valeu!

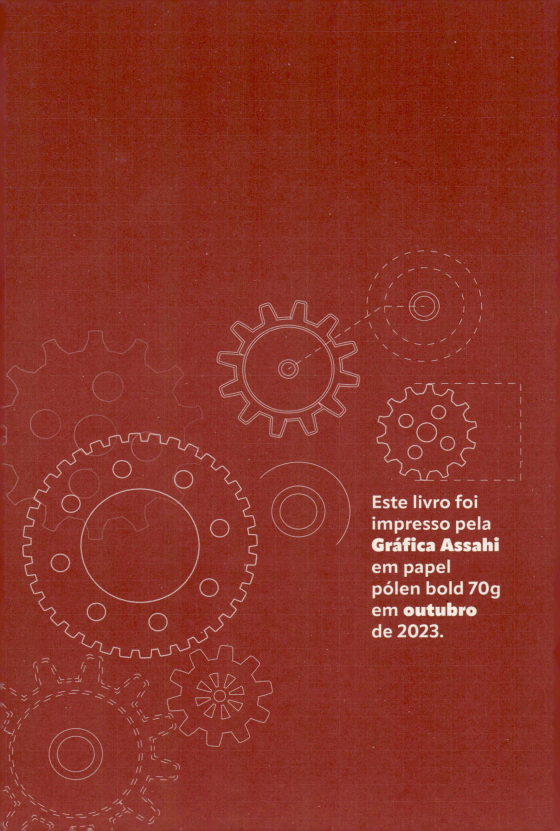

Este livro foi impresso pela **Gráfica Assahi** em papel pólen bold 70g em **outubro** de 2023.